サッカー・グラニーズ

ボールを蹴って人生を切りひらいた
南アフリカのおばあちゃんたちの物語

ジーン・ダフィー＝著　実川元子＝訳

平凡社

上｜2010年7月14日、ボストンのローガン国際空港に到着した南アフリカのおばあちゃんチーム“バケイグラ・バケイグラ”のメンバーたちは、床にひざまずき手を叩いて舌をふるわすという生まれ故郷の伝統的な挨拶の仕方で敬意と感謝の意を表した

下｜マサチューセッツ州ランカスターで開催された、40歳から75歳までの男女サッカーチームが参加する大会ベテランズ・カップで、“バケイグラ・バケイグラ”はマサチューセッツ州の“ベイステート・ブレイカーズ”と対戦した。（2010年7月15日撮影）

上｜ベテランズ・カップでブブセラを振り回して応援する“バケイグラ・バケイグラ”の2人の選手、ジョセフィーナ・バロイとジョセフィーヌ・ンクナ

下｜南アフリカから“バケイグラ・バケイグラ”を招待したのは、著者が所属するサッカーチーム“レクスプレッサス”のメンバーたち。自分たちが出場する試合が終わるとそろって南アフリカのチームを応援した

上｜たとえ負けても試合後には全員で歌って踊って感謝を表す“バケイグラ・バケイグラ”の選手たちはメディアの注目の的だった

下左｜ツォンガの伝統衣装に着替えてABCの夕方のニュースで自分たちの試合が放送されるのに見入るグラニーたち

下中央｜試合が終わると南アフリカのサッカー・グラニーズはホストであるアメリカのサッカー・シスターズとともに高らかに南アフリカ国歌を歌った

下右｜“レクスプレッサス”のキャサリン・スタイナーとヘザー・ブログリオは、“バケイグラ・バケイグラ”の創設者であるレベッカ・“ベカ”・ンツァンウィジ（右）と力を合わせて南アフリカから高齢女性たちのサッカーチームを招待するため奔走した

VETERAN'S CUP
HERBALIFE
HERBALIFE
HERBALIFE

上｜“バケイグラ・バケイグラ”のジョゼフィーヌ・ンクナとアンナ・“ブル”・ブーマは感謝の気持ちをこめて著者ジーン・ダフィーをツォンガの伝統的な衣装で着飾らせた。著者とともに招待に尽力したヘザー・ブログリオとロイス・ケッシンとともに

下｜特別なはからいでベテランズ・カップの優勝トロフィーが“バケイグラ・バケイグラ”に授与された。誇らしげに掲げるレベッカ・“ベカ”・ンツァンウィジ、ベアトリス・“メッシ”・トゥシャバララとノラ・ムティレニ

ここまでの写真：テッサ・フルートゥコ・ゴードン

上｜“バケイグラ・バケイグラ”のグラニーズ訪米から1年後、“レクスプレッサス”のメンバーが家族とともに南アフリカを訪問した。2011年8月8日、グラニーズのホームタウン、リムポポ州ンコワンコワでは両チームと家族が参加して親善試合が開催された　写真:ラフェ・ラクレア

下｜アパルトヘイト体制を敷く政府があらたに行動を制限する法律を導入しようとすることに反対して、南アフリカの女性たちが全土でデモを行った8月9日は「女性の日」の祝日となっている。村を訪れた著者たちは女性たちによる伝統的な舞踊を鑑賞した　写真:キャサリン・スタイナー

右上｜“レクスプレッサス”のメンバーであるヘザー・ブログリオは2人の子どもとともに南アフリカを訪問した。グラニーたちから大歓迎を受けた息子のタムラットと娘のサムは終始笑顔でンコワンコワ滞在を満喫した

写真：キャサリン・スタイナー

左上｜南アフリカのグラニーたちがアメリカのサッカー・シスターズとの再会を祝した一日が終わり、グラニーの一人、エニー・モヨがたそがれの中を家路につく　写真：キャサリン・スタイナー

右下｜モパネワームという昆虫を乾燥させた食料は南アフリカでは貴重なタンパク源である。著者たちはグラニーたちからその伝統食をふるまわれた　写真：ラフェ・ラクレア

サッカー・グラニーズ

ボールを蹴って人生を切りひらいた
南アフリカのおばあちゃんたちの物語

ベカに捧げる
あなたがいなくてはこの話はなかった

まえがき

これから話すのは真実の物語である。

読者に伝えるべきだと考えた材料を並べて書いたものを、いったんばらばらにしてまたつなぎ合わせ、再びまとめて手直しし、また同じ作業を繰り返し、7年をかけて書き上げた。私が個人的にやりとりした文書やメール、Ｆａｃｅｂｏｏｋに投稿されたもの、写真、食事をしながら聞いた話をナプキンに書いたメモ、コーヒーを飲みながらの私的なおしゃべりの記録、正式なインタビューとして録音したもの、公開されたドキュメンタリー・ビデオ、新聞記事、放映されたニュース、試合や大会行事のビデオ、そしてもちろん私自身の記憶をもとに書いている。

南アフリカの歴史や女性問題、女子サッカーの起源やツォンガの人々の文化などについて私自身がよりよく理解するために、多くの歴史学者、人類学者や社会学者の専門知識に頼った。

事実の時系列のこまかい点や、取材での会話を、ストーリーの流れを調整するためにいくぶんか再構成したところがある。また個人情報保護のために、取材対象者から要求があった場合は個人名を匿名にした。

「真実」を語ることに、私は苦心をした。「真実」とはしばしば、当事者の目に映ったものになる。このストーリーを私と一緒に経験した複数の人たちのそれぞれが自分の視点と記憶からの「真実」を語り、私はそれらを自分の記憶と比較しながら「真実」に近づけようとした。他の人たちの記憶にある出来事は、私の記憶に残ったものとちがうこともあった。それでも同じことを経験した人たちが、正直に語り、他の視点を受け入れる寛容さを持っていたことに私は感謝したい。その姿勢によって、この本はいっそう強いものになったと思う。

それでもまちがいや抜けがあるとしたら、すべて私の責任である。

これから読んでいただくストーリーに登場する女性たちが、私を信頼して語ってくれたことをただ感謝するばかりだ。私の語りが女性たちへの敬意をあらわしていることを願う。

２０２２年７月１日　マサチューセッツ州、サマービルにて

ジーン・ダフィー

おお、偉大なバオバブよ！
空高く聳え大きく枝葉を広げて
母のような愛で私たちを助け
木陰で憩わせてくれる。
大地の乾きなどものともしない
旱魃も洪水も恐れず、
夏の砂混じりの季節風を軽くいなし
容赦なく照りつける太陽を
嘲笑うようにはねかえす
自らの意のままにときを超えて生き
季節を選ばず実をつける

悪意や怒りを抱くことをせず
不平も泣き言もいわず
大地の攻撃によって傷つき痛んでも
大きな心臓の鼓動を止めることはない。
この残酷で無慈悲な世界を生きる私たちは
バオバブのそんな生き方を見て
自分たちは倍恵まれていると感謝すべきだ

ジョン・アカンバリユエイ・アガンディン
「バオバブの木」より

contents

Part TWO
試合に挑む

Part THREE もっともっとゴールを

Part ONE
夢をかなえる

スポーツには世界を変える力がある。
人を奮い立たせる力がある。
人々をひとつにする力がある。
そんな力を持つものはスポーツ以外にはほとんどない。
スポーツは若者たちが理解できる言葉だ。
ただ絶望しかなかったところに、
スポーツは希望を生み出す。
人種間の壁を壊す力は政府よりも強い。
あらゆる差別を、スポーツはあっさりと笑い飛ばす。

——ネルソン・マンデラ

第1章　バケイグラ・バケイグラFC

そびえたつ山の頂上に立って知るのは、
登らねばならないもっと多くの山々があることだけだ。

――ネルソン・マンデラ

ひとつのひらめきがすべての始まりだった

人生にはときおり、思いもかけないときにひらめきが降りてくることがある。
何週間も頭を悩ませてきた問題の解決策を、夜明けに昇る朝日に包まれた瞬間に思いつく。見知らぬ人の何気ない言葉に、これまで見えなかった物事の別の一面にぱっと光があたってあざやかに全体像が浮かび上がることもあるだろう。ひらめいたことで物事の本質がはっきり見えてくることがある。ひとつのひらめきによって、それまで自分では考えられなかったほど大胆な行動に踏み出し、人生が大きく変わってしまうこともある。

2010年2月の早朝、私はボストン郊外の7階建てのビルの一室にあるオフィスで、仕事に取りかかろうとデスク前に座った。同僚がまだやってこない静かな時間帯に、ひとりで仕事を始めるのが私の習慣だ。いつもならすぐに仕事に取りかかるところだが、その朝は最初にサッカー仲間のひとりがメールで送ってきた動画を開いた。そして地球の反対側にある南アフリカで、高齢女性たちがサッカーを楽しんでいるその動画に私はひらめきを得た。それが私の人生を大きく変えた。

南アフリカで開催されるFIFAワールドカップの開幕はまだ4ヵ月以上先だったが、自他共に認めるサッカー狂の私の興奮はすでに高まっていた。当時51歳だった私は、子どもたちの試合をラインの外側から応援するサッカー・ママに飽き足らなくなり、自分もボールを蹴っていた。動画を送ってきたのは、私が所属するサッカーチームでゴールキーパーをつとめるヘザーだ。

クリックすると、画面にはサフラン色のシャツを着て、ペイズリー柄のバンダナを頭に巻いた黒人の高齢女性が、白い歯を見せて笑いながらカメラに向かって「あんたたちとかけっこしたら、勝つのはあたしだよ」ときっぱり言い放つ姿が映った。

その様子は自信満々で、闘志がみなぎるその目を見た私は、その言葉があながち冗談ではないと信じた。

「あたしは83歳で心臓発作をもう6回もやっちゃったけれどね」

ええっ?! 心臓発作を起こしながらもその年でサッカーをやっているわけ?

「でもサッカーがあたしの人生を変えたよ。サッカーのおかげで人生はもっといいものになった」

その言葉を聞いた私は広げていた仕事の書類を脇にやって、画面を拡大して動画の続きを再生してじっくり見た。

動画のリポーターは、その女性が南アフリカの片田舎にあるサッカーチームに所属するベテランのサッカー選手だと紹介した。40代後半から80代前半までの35人が所属するチームの女性たちは、親しみをこめて「サッカー・グラニーズ（サッカーおばあちゃんたち）」と呼ばれているという。

砂埃が舞い、太陽が照りつけるグラウンドで、女性たちはウォームアップしている。みんな合わせてリズムよくステップを踏んで、右に足を蹴りあげて手をたたき、またステップを踏み、左に足を蹴りあげて手をたたく。ダンスのような小気味よい動きだ。特大サイズのシャツと膝下丈のスカートで動きやすそうだ。整備されているとはいえないグラウンドの向こうには、ひょろりと立つ低木と黄褐色の茂みが見える。

別の短髪の高齢女性がカメラの前に立った。

「サッカーはわたしらを救ってくれた。プレーするのが好きだよ。わたしらは病気持ちだったけれど、いまじゃコレステロール値も血圧も下がったね。検査に行くと医者たちも驚くんだよ。サッカーをしようと誘ってくれた人に神様の恵みあれ」

ウォーミングアップのあとに、女性たちは走り始めた。革のボールを追いかけ、大きく蹴って土埃を巻き上げる。割り当てられたポジションなど無視して、ボールを追いかけるのに夢中だ。

その光景に私は心当たりがある。マサチューセッツ州のチームに入ったばかりのころ、私たちもまるでおもちゃを奪い合う子どもたちのように、ボールのまわりに団子になって走り回ったものだ。

カメラは太り気味の高齢女性たちが息を整えながらゆっくりと走る姿をとらえた。画面の女性たちは私のように一日中座ってデスクワークなどはしていないだろう。だが彼女たちも一日働き、仕事が終わったあとにサッカーの練習にやってきて、からだをめいっぱい使って楽しんでいる。よく見るとなかには骨と皮ばかりにやせた女性もいた。頭に巻いたスカーフとスカートのレインボーカラーがまぶしい。

ボールがグラウンドを何度も右に左に行き来して、ついにネットをゆらした。女性たちの笑顔がはじけて、近くにいるプレーヤーたちと抱き合って喜ぶ。ライン側のわずかな日陰に身を寄せ合っている大勢のファンたちから歓声があがった。全長2メートルはありそうなプラスチックの角笛を誰かが吹いて、象の雄叫びのような音がグラウンドに響き渡った。

ニュース番組のリポーターは、おばあちゃんたちがサッカーをプレーすることに眉をひそめる人たちもいるが、地域コミュニティから圧力をかけられても女性たちはプレーをやめないと伝えた。

おばあちゃんたちが暮らす町の男性たちは「ばあさんたちの仕事は、家で孫の面倒を見ることだ」とサッカーをすることに反対していたそうだ。地元の教会は、フィールド内外を問わず女性たちがズボンをはくことに眉をひそめていたという。

それでも高齢女性たちはボールを蹴り続けるうちに自信がつき、やがて地元の人たちもサッカーをするおばあちゃんたちの姿を見慣れた。伝統的に女性の服装として「許容範囲内」とされる規範を、サッカーをすることで高齢女性たちはくつがえしたのだ。

しかしまだ非難している人たちもいる。「短いパンツで走りまわるなんてみっともない」

というのが理由だ。孫たちのなかにも反対するものがいる。「ばあちゃんはサッカーなんかできっこないだろう。もう年寄りなんだから」

だが否定的な意見ばかりではない。グラウンド脇で応援している10代の少年は誇らしげに、笑顔でこう言った。「ばあちゃんたちはサッカーをプレーしているうちに、からだが引き締まって体力がついていった。それを見ていると、サッカーするのはいいことだと思うよ」

そこで動画は終わった。時計を見ると午前7時で始業の時間だ。でも……我慢できなかった。動画をもう一度最初から見直した。そしてもう一度。

一見すれば、アメリカに住んでいる私と南アフリカの高齢女性たちとは何の共通点もないように思うだろう。私はアメリカで都市郊外に暮らし、専門職についている白人女性だ。一方でサッカー・グラニーズと呼ばれるおばあちゃんたちは、アフリカの田舎町で暮らす黒人女性だ。

だが私たちには共通点がある。サッカーチームの仲間たちのサポートを受ける喜びを知っていること。プレーするうちに少しずつ走力がついて、キックも強くなってきて、からだが変わってきたことへの実感。やがて自分もチームを助けるプレーができるようになり、どんどん自信がついてきたときの手応え。ゴールが決まるとチーム全員で分かち合う歓喜。私たちとサッカー・グラニーズの共通点は、サッカーをする喜びを知っていることだ。

しかし今日の仕事に戻らねばならない。私はしぶしぶサッカー・グラニーズのことを頭の隅に追いやって日常業務に切り替えた。

だが動画の高齢女性たちの姿は私の頭のなかにどっしりと根を下ろし、消えなかった。その日、スプレッドシートを延々とスクロールしながらも、私は頭のなかで1万2670キロかなたの南アフリカ、リムポポ州ンコワンコワのサッカー・グラニーズと一緒にグラウンドでボールを追いかけていた。

サッカー・グラニーに初コンタクト

木曜夜、私が所属するサッカーチーム「レクスプレッサス」は定期的に対外試合をしている。動画を見た2日後、ハーフタイムに入ってラインぎわで水分補給をしているチームメイトたちのおしゃべりをさえぎって、勇猛果敢なゴールキーパーのヘザーが聞いた。

「みんな、私が送ったサッカー・グラニーズの動画を見た？」

「見たわよ！」。興奮して私はいった。「年齢があがってもサッカーをやめない姿に感動した」

「みんな聞いて」とカトリーヌがフランス語なまりの英語でいった。「私たちだって、あのおばあちゃんたちと同じことができるのよ。これからもサッカーを続けていきましょう」。カトリーヌはフランス生まれで、子どものころから男きょうだいたちと一緒にボールを蹴っていた。いまは私たち中年女性が結成したアマチュアのチームのコーチだ。

「あの動画は私たちに必要なものを全部教えてくれるわね」といったのは、サイドラインを疾走する俊足のアリソンだ。「誕生日を迎えるたびに、またひとつ歳を取ったとうんざりするのはやめなくちゃ」

私たちの話を聞いていた対戦相手チームのアンが口をはさんだ。アンはテクニックのあるディフェンダーで、私は何回彼女にボールを奪われたかわからない。「今年7月にマサチューセッツ州でベテランズ・カップが開催されるの、知ってる？　そこにサッカー・グラニーズを招待したらどうかしら？　日本の男子チームも毎年招待参加しているから、海外チームの参加も可能だと思う」。ベテランズ・カップは毎年、各州持ち回りで開催される成人向けサッカー全国大会だ。私は参加したことはないけれど、話はよく聞いていた。

アンの提案に私はひらめいて叫んだ。

「カトリーヌ、私、サッカー・グラニーズにコンタクトをとってみようと思う」

「いいわね。やってみて。まずは連絡してみましょう」

私が火曜日に視聴したNTVケニアのニュース番組内のサッカー・グラニーズの話は、その後ロイター、BBCとCNNが記事で紹介した。記事をじっくりと読みながら、どうやってサッカー・グラニーズに連絡できるかを探った。

サッカー・グラニーズのチームの正式名称は「バケイグラ・バケイグラFC」であることを私は知った。地元の言語、ツォンガ語で「おばあちゃん、おばあちゃん」の意味だ。男子代表チームが「バファナ・バファナ＝少年たち、少年たち」と呼ばれるのにちなんでいる。

別の記事で「チームは2006年に癌のサバイバー、ベカ・ンツァンウィジが創設した」とあるのを見つけ、私はその名前を書き留めた。

「私は長くチームのキット購入に給料をつぎこみ、試合を組んできました。簡単なことではありませんでした。もっと多くの人たちに高齢女性たちもサッカーをしていることを知ってもらい、スポンサーを見つけたい」と記事のなかでベカはいっている。

検索をかけた私は、ベカがコミュニティへの貢献でいくつも賞を受賞していることを知った。「ママ・ベカ」と親しみをこめて呼ばれ、日曜朝のラジオ番組で聖書を読み、牧師たちをゲストに迎えてインタビューしている。番組内でベカはリスナーに電話をかけ、悩み事の相談にのっていた。たとえば、何ヵ月も前に亡くなった親戚が、葬儀費用が払えずに遺体安置所に置かれたままになっていると訴えたリスナーがいた。苦境を知ったベカは番組を聴いているリスナーや地元企業に寄付を求め、集めたカネで棺を購入し、葬儀に必要なテントと食べ物を用意したという。

ほかにも多く寄せられるのが病気の悩みだ。医者にかかるカネがなくて、必要な治療が受けられないと訴えるリスナーが多い。ベカはリスナーたちにかわって医療サービス提供者に連絡をとり、資金援助を受けられるように取りはからっていた。車椅子購入の寄付をつのって、必要な人に提供した回数は数え切れないほどだ。

グーグルで検索を続けたところ、やっとラジオ局気付でベカに送れるメールアドレスを見つけた。いざコンタクトをとろうとして、私はひるんだ。押しつけがましさを感じさせず、親近感を持ってもらうように書かなければ。サッカー・グラニーズをベテランズ・カップに招待しようというアンの提案は、最初のメールではふれないことにした。

親愛なるベカ・ンツァンウィジさま

こんにちは！

私はアメリカ、マサチューセッツ州レキシントンの女性チームでサッカーをしています。チーム結成時には35歳以上のメンバーでしたが、現在は50代が大半です。南アフリカでサッカー・グラニーとしてプレーなさっている動画を拝見しました。バケイグラ・バケイグラ・サッカークラブには60代、70代、80代でプレーなさっているかたたちがいると知って、私たちは励まされます。

私たちと姉妹チームになりませんか?

ジーン・ダフィー

これでいい。私は深呼吸して、送信ボタンを押した。返信されるだろうかと不安を覚えながら。

第2章　私たちも挑戦する

ああ、私はサッカーと自分のチームが好きでたまらない。サッカーの練習に行く時間になると、いつもうれしくて気が変になりそう。チームができたときから私はずっと所属してきた。サッカーは私の人生を一変させた。チームメイトが私を最初に見たときに、どう思ったかは知らない。仲間のほとんどは私が86歳だといっても信じない。年齢を水増ししていると思っている。若く見られるのはサッカーと運動のおかげだね。私がランニングして練習を始めると、きっとあんたも目を疑うだろうよ。

――ギンギリカニ・ミリアム・ムシュワナ（サッカー・グラニーズのひとり）

サッカーで健康を取り戻した高齢女性たち

ジーン、おはようございます。

あなたからメッセージをいただきとても嬉しいです。私がどれほど喜んでいるか、きっとあなたには想像がつかないでしょう。

私はまだスポンサーを見つけてないのだけれど、あなたのようなかたがきっと現れると信じていました。私は結腸癌をわずらっています。死ぬまでに何か遺したい、というのが私の大きな目標です。アメリカのベテラン・チームの大会に招待されて飛び上がるほど嬉しいです。きっと会えると信じています。

ベカ

ワオ！　返事が来た！　その朝届いたメールを読んだとたん、その日にやるべき仕事案件は頭からすっとんでしまった。

いくつもの賞を受賞し、コミュニティのために献身的に働く並外れたアクティビストで、ラジオ番組のホスト役をつとめ、サッカー・グラニーズの創設者であるレベッカ・ンツァンウィジが私のメールに返事をくれた！　私は何回も彼女のメッセージを読み返した。軽くふれられている結腸癌の話にドキッとして、メールの最後にある「ベテラン・チーム」のひと言に首をかしげた。ベカはもうマサチューセッツ州で今年7月に開催されるベテランズ・カップに招待されたのかしら？　もしかするとアンがもう彼女に連絡をとったのかも。まずはアンにそのことを確かめてからベカに連絡しようと思った。

2003年、35歳だったベカは胃痛を覚えて医師の診察を受けた。そこで聞かされたのは、結腸癌というショックな診断だった。すぐさま化学療法を受けた。診断はショックだったが、できるだけ楽観的に考えることにしていた。それでもときには痛みは耐えられないほどで、死の影が目の前をちらついた。

しかしレベッカ・ンツァンウィジは人生の困難に屈する人物ではない。自分の苦痛と死へのおびえを正面から見据え、それに対して自分は何をすべきかを学ぼうとした。

化学療法を受けるために入院している間、患者仲間の様子にベカは強く心を動かされた。「通院のたびに、私はおびただしい数の高齢女性たちに会いました」とベカは当時を振り返っていった。関節炎、糖尿病、高血圧、リューマチ……南アフリカの女性たちは年齢が高くなるほど慢性疾患を抱えるようになり、残りの人生を病気にすり減らされていく。「これはなんとかしなくては、と思いました」とベカはいう。

治療で体力が落ちたベカは、体力を取り戻すために運動するようにと主治医からいわれた。つねに自分よりもほかの人たちのことを先に考えるベカは医師にいった。「体力をつけなくてはならないのは、病院の待合室にいるあちらのおばあちゃんたちもじゃないかしら？」「そうですね。あの人たちも運動することで、からだの状態は改善しますよ」

高齢女性たちは悪循環に陥っている、とベカは気づいた。高齢者がかかりやすい慢性疾患によって、女性たちは家庭や社会で負っている責任が果たせなくなる。そのことがストレスになって精神的に落ちこんでしまう。自分が運動することでゆっくりと体力を取り戻していくなかで、ベカは病院で友だちになった高齢女性たちを甘い言葉で運動に誘い始めた。体調を崩して何かしなくてはと思っている女性たちを、なだめすかしたり、おだてたりしながらエクササイズに参加させた。

２００６年のある日、女性たちが原っぱでエクササイズをしているとき、地元の少年が蹴っていたサッカーボールがたまたま女性たちのほうに転がってきた。女性の一人がボールに駆け寄って蹴り返したら、ボールは見事に高くあがって少年たちのところに落ちた。少年たちは大声で笑ってはやしたてた。それを見たベカは、冗談めかして「サッカーをやってみない？」と女性たちに提案した。

すると女性たちは答えた。「ママ・ベカ、サッカーをやってみようよ」

ベカは女性たちを引き従えて少年たちのところに行き、遠慮がちに立っているおばあちゃんたちの輪のなかから進み出て、ボールの蹴り方を教えてくれないかと少年たちに思い切って頼んだ。

翌日、女性たちはベカに「ママ・ベカ、またサッカーがやりたいんだけれど」と頼んだ。

サッカー・グラニーズはこうして誕生した。

サッカーで広がっていくシスターズの輪

最初に始めた女性たちが友人たちをバケイグラ・バケイグラに誘った。自分がホストをつとめるラジオ番組でベカがサッカーチームについて話したところ、聴いていた80歳で10人の孫がいるロッシーナは強い関心を持った。

「サッカーをする高齢女性を募集しているって聴いてびっくりしたんです」とロッシーナはいう。「おばあちゃんは孫の守りをするために家にいなくちゃいけないなんておかしい、とママ・ベカはいいました。家にじっとしているとストレスがたまって、からだを壊してしまうって。だから外に出て、仲間を作って、一緒にサッカーをしましょうと励ましてくれました。そこで私は夫に、おばあちゃんたちがサッカーをしているところを見学にいって、どんな感じなのか確かめてくるといったんです」

「グラウンドに来てみると、女性たちが本当にサッカーをしていました。もうびっくり。女性がサッカーをしている光景は、私にとっては奇跡みたいだった。木の下に立って見ていると、一人が一緒にやりましょうって誘いに来てくれました。どんなことをやるのか見当もつかなかったけれど、私はやりますっていったんです」

　チームが人気になって参加人数も増えてきたところで、ベカは地元で少年チームのコーチをしている人におばあちゃんチームを指導してくれるように頼んだ。コーチは週3回の練習メニューを組み、女性たちにサッカーの基本を教えた。女性たちはカラフルなスカートをはき、新コーチを囲んで笑いながらストレッチをした。まもなく女性たちのからだはよく動くようになり、体力もついた。身体機能の向上だけでなく、チームの活動を通して女性たちはよく笑うようになり、互いに友情を育むことで精神面も安定した。

「サッカー・グラニーズに加わってから、ストレスがなくなったのよ」というのは南アフリカの人気サッカー選手にちなんだニックネーム、ブライアン・マテで呼ばれるおばあちゃんだ。

「悩みごとがあっても、グラウンドに着いたとたんにすっかり忘れちゃう。みんなと会ったら、冗談をいって笑い合っているからね。サッカーが好きになってほんとによかった。バケイグラ・バケイグラが私を立て直してくれた。そのことに感謝している。チームに入る前はストレスを抱えてため息をついてばかりだったけれど、いまでは元気いっぱいですよ」

そこで満足して終わらないのがベカのすごいところだ。高齢女性たちの心身両面での健康が改善されたところで、彼女は地元の医師に定期検診を依頼し、必要とあれば専門医を紹介してもらう道筋をつけた。サッカー・グラニーたちを病院で診察していた医師は、サッカーを始めてからわずか数ヵ月で、女性たちの健康がめざましく改善したことに目を見張った。

サッカーに関連する支出のために、チームに入った女性たちは毎月管理料をおさめた。そのお金を元手として借りて、小さなビジネスを始めて収入が得られるようになった女性たちもいた。作物を育てて売ったり、食材を仕入れて調理して売ったりするなどだ。そんな小さなビジネスから得た収益が家計を支え、高齢女性たちが経済的自立をはかる助けとなった。

チームの活動がうまくまわるようになると、自然と参加するおばあちゃんたちが増えていった。15歳で学校をやめて看護師の訓練を受けたという64歳のグラニー・フローラは、たまたまチームの練習を見かけて加わった。

「バケイグラ・バケイグラのことはまったく知りませんでした。関節炎と診断された私は運動を勧められ、ある日仕事の休み時間に病院の周囲を走っていたところ、角をまがったらおばあちゃんたちの集団がいたんです。何事かと近寄りました。そうしたらおばあちゃんたちから、私たちはバケイグラ・バケイグラというサッカーチームだって教えられました。もしよかったら一緒にやりましょう、歓迎するわよ、といわれたんです。その日から私はチームの一員です」

ベカは仕事で近隣のコミュニティに出かけると、サッカー・グラニーズのことを話した。すると訪れた町で、ここでも新しいチームができないかと何回となく聞かれた。そこでベカはいたるところで50歳以上の女性たちを30人から50人ほど募集した。応募してきた女性たちに、友人たちに声をかけてチームを作るようにと働きかけた。チームができるとキャプテンを指名して、チームをまとめる役を割り当てた。チームを作るだけでなく、継続して活動していくための支援をベカは惜しまなかった。

まもなくリムポポ州全域でサッカー・グラニーズのチームが6つ結成され、チーム同士、親善試合を行うようになった。

ロッシーナはチームに加わって16年になる。「サッカーは喜びをもたらしてくれました。練習に行く時間になると、頭のなかは全部サッカーのことだけになるんです。家族の食事の支度さえも忘れるくらい」。家事や育児のことは、練習が終わって家に帰るまで頭に浮かばないそうだ。

「サッカーの練習ではすべて楽しい。私たちはおしゃべりし、ジャンプし、笑いがたえません。自分がサッカーをしていることが誇りです。こんな年齢になってサッカーをしていることが自慢なのかな？」と笑う。

「ママ・ベカは私たちにサッカーをもたらしてくれました。そのことが私たちの誇りです」

グラニーたちの軌跡

Mama Beka

*

ママ・ベカ

リムポポのマザー・テレサ

「そう、私が南アフリカのレベッカ〝ベカ〟・ンツァンウィジです」。ベカはジャケットのファスナーを首元まで上げて、椅子に浅く腰かけた。ベカという呼び名はレベッカを短くしたものだが、南アフリカの公用語のひとつであるズールー語では「鷹のように鋭い目をしたもの」または「見守る人」という意味を持つ。その名の通り、多くの人が目をそむけるようなところをベカはしっかりと見据え、身にそなわった鷹のような威厳を周囲に示す。

「私はコミュニティのために働いています。貧しさにあえぐ家族のために家を建てることに誇りを持っている。いまも2軒の家を建てようとしています。南アフリカの困っている人を助けるのが私の喜びです」

ベカは1968年、5人きょうだいの長子として生まれた。父は視学官で、校長をつとめていた母はのちにヴェンダ大学で教鞭をとった。ベカは幼いときから、周囲の貧しい人や困窮する人たちに感情移入する子どもだった。おなかをすかせた子どもを見れば、自分の弁当からパンを分けてやり、制服を買うお金がない子どもがクラスにいれば、両親に買ってあげるようせがんだ。

教育の価値をベカはつねに理解していた。教育こそが機会を作り出すことができる。両親ともに教育者だったから、ベカもきょうだいたちも全員が高等教育課程まで進んだことに驚きはない。音楽で学士を取得したベカは、キーボード奏者と歌手になり、ラジオ・ツォンガに入社してカントリー・ミュージック、伝統音楽、ゴスペルとジャズのプレイリストを制作した。

ベカはしかし、裏方として働くことに満足を覚えなかった。子どものころに目に焼きついた困窮する人々の姿が脳裏から消えなかった。そこで世界を変えようと立ち上がり、南アフリカで州の公衆衛生の仕事に取り組むことにした。

「私が生まれ育ったリムポポ州ではHIV／エイズが流行していました。癌を患う人も非常に多かった」。ベカは南アフリカ保健省と組んで、病気療養中の人々を支援するサポート・グループを結成した。その後、終末期にある人々に洗濯と食事のサービスを提供するボランティアを集める仕事を買ってでた。

「南アフリカ全土にわたってエイズで大勢が亡くなりました。子どもたちの世話は、老いた祖父母や親のきょうだいたちに託されます。一方で南アフリカには呪術信仰が根強く残っています。病気になると、それは誰かが呪いをかけたからだとされる。そこで私は村々をまわって、自分のからだをケアしましょう、と説きました。とくに女性たちに、不調を感じたら早く病院に行かねばならないと諭しました。癌は早期に発見すれば、助かる病気なのです」

そこまで話したベカは深いため息をついた。

「2003年、私はとても具合が悪くて診察を受けたら、結腸癌と診断されました。医師たちも介護者たちも私に『遺言を用意なさい。そう長くは生きられない』といいました。その言葉にどれほど私がショックを受けたことか」

そのときのことを思い出して、ベカは眉間にシワを寄せた。

「当時の私にはやらねばならないことが山積みでした。貧困者のための家を建てなくちゃいけなかったし、自分の子どもたちの学費も稼がなくちゃいけない。でも医師や周囲の人たちは、私にはもうそんなことをする余裕はないというんですよ。それで私がどうしたかって？　医師たちのいうことに耳を貸しませんでした。癌と診断されたら、それは死を宣告されたことになる。でも、私は思ったんです。『家を建てるまで死ねるもんか』ってね」

自分の死に直面したときでさえも、ベカは他人を苦しみから解放することしか考えなかった。

「85歳の女性が孫にレイプされたと聞いて、自分はもうすぐ死ぬからといって知らん顔ができますか？　父親が娘をレイプしていると聞いて、黙って座っていられますか？　どちらも本当にあったことなんですよ。聞いた私は闘いました。娘をレイプしていた父親は仕事に行かず、娘を学校に通わさなかった。だから私はやめさせようと計画を練りました。闘ってやる！　と自分に言い聞かせました」

ベカは前に身を乗りだし、人差し指をふった。

「友人たちと一緒に、その家に行って娘を助けることにしました。私たち3人、全員女性です。アフリカの男たちは力が強いからね。面と向かって対決したら、ぶちのめされてしまうかもしれない。でも私たちは行くと決めた。その父親が娘のところにやってくるのは深夜だと知っていた。それまで部屋に隠れていることにしたの」

ベカの口調が熱を帯びた。「深夜零時半にそいつは部屋にやってきた。私たちがそいつにやったことを、いまでも忘れられないわ。ぶちのめしたのよ。それから電話した。私が自分で、警察に電話をかけた。その父親は逮捕されました。いまも刑務所で無期懲役中。自分がやったことが誇らしいわ。新聞にも出たし、南アフリカの国営放送でも報道されましたよ」

ほかの人ならためらうことも、ベカは迷いなくやってしまう。「人生は短い。だから私は自分ができる最高のことをやらなくちゃいけない。どんなことでも自分がやっていることは、愛を与える行為だと信じています。2005年ショップライト・チェッカーズSABCウーマン・オブ・ザ・イヤー（訳注：アフリカで小売業を展開する大手企業と南アフリカの国営放送がその年に活躍した女性に贈る賞）に選ばれたとき、私は最悪の健康状態でした。そこで授賞式には車椅子で、主治医が付き添って出席しました」

そんな健康状態でも、死ぬまでコミュニティのために働こうとベカは決意を新たにした。たとえ車椅子での移動を強いられることになっても、活動の勢いをとめる気持ちはベカにはさらさらなかった。

教育がもたらす力を信じているベカは、コンピュータを購入するため寄付を募って村の学校にITを導入する一方で、能力がありながら授業料が支払えない子どもたちを支援するための組織を立ち上げた。その支援のおかげで、地域から50人以上が大学に進学することができた。しかしベカにとってその支援の規模の貢献では十分ではない。「私には学校を建てるという夢があるんです」

より緊急に必要とされていることがあると見ると、ベカはすぐさま行動する。家族一緒に暮らせる家がないという家族と会うと、ベカはレンガやモルタルを集めて、新しい家を建てた。十分に食べられない村人たちがいると知ると、コミュニティの共有地の一区画を農地として彼らに与えるよう働きかけた。いまでは村人たちはそこで育てた余剰作物を市場で売って生計を立てるまでになっている。

やらなくてはならないことがたえずまわりにあることが、ベカを奮い立たせる。癌の再発と闘いながらも、内側から湧いてくる力に突き動かされる。

「化学療法はきつい。化学療法のせいで問題がいろいろ起こる。私は何回も手術を受けてきました。みんな私にいうんですよ。あなた、そんなことしてると死んじゃうよってね。でも、ほら、まだ生きている」

一番病状が悪化したときから比べると、現在は体重は増えているし、化学療法を受けたあとに失った髪もまた生えている。もうかつらはかぶらないし、車椅子に乗らなくても大丈夫だ。「あの癌という恐ろしい怪物との闘いからどうやって生き延びたのかわからない。本当に辛かった。あんな苦しみを誰にも味わってほしくない。まだ痛みはあるけれど、私は生きていて、ボールを蹴っている」

２００８年、彼女は南アフリカで民間人に与えられる最高の栄誉賞である「バオバブ騎士団」の称号を授与された。バオバブは人類が誕生する前からアフリカ大陸に生えていた聖なる木だ。乾燥したサバンナでバオバブは長年にわたって生き続け、必要とする人たちに避難場所と食べ物と水を与えている。アフリカの民話では、バオバブは生命、強さ、力と信頼の象徴である。

ベカの受賞理由にはこうある。

「勇気と至高の愛を持つ女性、レベッカ〝ベカ〟・ンツァンウィジは、貧しさに苦しむ人々の生活向上に全身全霊をかけて貢献し、コミュニティの発展を支えていく人たちのロールモデルである」

ベカは受賞について一言、「誇りに思っています」とだけいった。「当時の大統領のタボ・ムベキが賞を授けてくれました」

何十年にもわたって人々をケアし、愛ある貢献をしてきたことで、ベカは国中で愛されている。「私はママ・ベカと呼ばれています。マザー・テレサと呼ぶ人もいるけれど、私はマザー・テレサに比べられるのは嬉しくない」という。ベカはほかにもコミュニティ・ビルダー・オブ・ザ・イヤー、ウーマン・オブ・エクセレンスなど数々の賞を受賞しているが、中でもアチーバーズ・アウォードとプレミアズ・アウォードによって彼女の功績は広く認められている。

いうまでもなく、ベカの業績のなかでもっとも広く知られ、称賛を受けているのがサッカー・グラニーズの活動で、国内だけでなく国際的な注目を集めている。

「私は50代から80代の女性たちが元気で健康な毎日を送れることを願って、2006年にバケイグラ・バケイグラ・フットボールクラブを設立しました」

「おばあさんたちはいつも家にいて、座っていても手を動かして仕事し、子どもたちの面倒を見たり、家族の食事を作ったりしています。おばあさんたちには休む時間も楽しむ時間もない。幸福感を味わうひまがないんです。そのことで私は胸が痛む。歳をとった女性たちにいうんです。ダメダメ、そんなことしてちゃ。私たちといっしょにからだを動かして、楽しんでよってね」

ベカの呼びかけに応えておばあさんたちはグラウンドにやってきた。南アフリカじゅうを走り回って、ベカは2010年までにバケイグラ・バケイグラのチームを7つ立ち上げた。

「なかには孫をおんぶしてグラウンドにやってくるおばあさんがいます。そういう人たちに私はいいます。ダメダメ、あなたはもう60歳を超えているのよ。なぜまだ子どもの世話をしているの？　子どもは幼稚園に行かせなさい。政府は子どもの保育施設に予算を組んでいるんですよって。10代の孫たちが子どもを産んで、おばあさんたちがひ孫の世話までしていることもよくあります」

そういうおばあさんたちに、ベカは自分の子どもの面倒は自分たちで見るようにさせるべき、10代でも自分の行動には責任を取ることを覚えさせなさい、と進言する。「若くして子どもを持ったら、責任を取ることを覚えるべき」

サッカーは高齢女性たちをよりよいおばあさんに、そしてよりよい人間にする、とベカは信じている。

「おばあさんたちはサッカーをするようになってから、家に帰ると孫たちをもっと愛するようになりました。ストレスを抱えたままで、人に愛情を注げますか？　もし家にひきこもって、どうやって孫たちを食べさせていこうかと不安に苛まれていたら、おばあさんたちは幸せになれるはずがない。でもサッカーをして家に帰ったら、子どもたちはきっと『遊んでよ！』と一緒にボールを蹴って、笑って歌えるんです。そっちのほうがずっといいですよね」

ベカはまたからだを活発に動かすことが認知症の予防になり、メンタルな病気を軽減すると知っている。「私の国では、老いて認知症になったり精神的に病んだりすると、魔女だと決めつけられます」。ベカの顔が曇る。「そうなると首にタイヤをぶら下げられて、生きたまま焼かれてしまうことだってある」

想像した話ではない。「そんなふうに高齢女性たちが焼かれる現場を2回も見ました。私がこの目で見たから本当です。村人たちが輪になって取り囲み、魔術を使ったと年老いた女性を責めたてたんです。火をつけられた女性は金切り声を上げ、よろめいて倒れて、地面で身悶えしていました。大勢の人たちがヤジを飛ばし、段ボールや燃えるものを投げ込んでいました」。ベカは目をつぶり、こぶしを固く握りしめた。

「悲惨な死に方です。目撃したら誰でも眠れなくなるでしょう。食事も喉を通らなくなる。私は見てしまって、一ヵ月間その光景の記憶が消せませんでした」

だがその光景に震撼し、恐怖と苦しみに悩まされるだけでは終わらなかった。ベカはそんなことが起こらないように社会を変えなくてはならないと立ち上がった。

「南アフリカの高齢者たちのために闘わねばならない。このままではとても耐えられません。老いた人たちを守らなくては。私が高齢女性たちのサッカークラブを7つも立ち上げた理由はそこにあります」

自分には重い責任があると自覚しているベカは、高齢女性たちを守るのは自分の使命であり、そのためにはサッカーを勧めることが最適な道だと信じている。

「人生で成功を望むのであれば、苦労を避けてはいけない。楽々と登れる山なんてありません。いつも『自分を信じなさい』と人にいっています。山に登るつもりなら、十分に準備したと自分を信じ、頂上に立つまで闘わねばならない」

そんな使命感を抱く人はいるだろうが、ベカほどのあたたかさを持って、必要とする人に迅速に効率よく必要な助けを与えられる人はほとんどいない。

「人助けができることは私に授かった天分のひとつです。資金がなくてやめてしまおうかと考えることがときどきあります。仕事をするために村々をまわるには移動のためのお金だって必要です。村と村の間は距離がありますからね。連れていってくれる車が必要です」

だがそんな些末なことで、ベカの意欲が挫けることはない。

「苦しんでいる人を見たら、ただ助けたい。助けることで私も気分がよくなる。おばあさんたちがハッピーなら、私もとてもハッピーです」

第3章 私たち女はバカじゃない

胸が弾むなら、こんなふうに押さえて。
——エイブラハム・セイバー・クワベナ（サッカー・グラニーズのコーチ）

スポーツブラという偉大なる発明

私のメガネは危機的状況にあった。

スポーツブラをつけようと肩紐に片腕を通し、もう一方も通そうと上半身をよじったときに老眼鏡がずり落ちてきた。片腕の自由がきかないまま、あいているもう一方の手であわててメガネを外してタンスの上に置いた。そして思いっきり息を吸い込んで、私は頭の上から胸の下までスポーツブラを引きずりおろした。伸縮性に優れたブラに乳房がしっかりと押さえつけられ、ふくらみがない扁平な胸になる。その締めつけ感が心地よい。

スポーツをするときに揺れる乳房に悩まされてきた女性たちを救ったのは、リサ・リンダル、ポリー・スミス、ヒンダ・ミラーという3人のアメリカ女性たちだ。1970年代のランニング・ブームのとき、友人だったリサとポリーはランニングで乳房が揺れることで痛みが生じることを嘆いていた。「男性の局部サポーターのようなものが女性のバストにもつけられるといいのに」というリサの嘆きを聞いた夫は、自分のジョックストラップのカップを胸につけてあらわれた。最初は冗談として笑っていた2人の女性たちは、もしかするとそれはすごいアイデアかもしれないと気づいて試作を繰り返し、デザイナーのヒンダを巻き込んで商品化にこぎつけたそうだ。エリートスポーツを志す女性アスリートだけでなく、一般女性のスポーツ参加に大きく貢献するスポーツブラの始まりだった。

2010年4月、私はそのありがたいスポーツブラをつけて、アン・ストロングが毎年主催者の一人として開催している「アイスブレーカー・トーナメント」という女子サッカー大会に向かった。今年は私たちにとって、この大会参加はサッカー・グラニーズをボストンに招待する企画を一歩前に進めるための重要な意味を持っている。アンは私がベカに最初のメールを送る前に、サッカー・グラニーズにあてて、ベテランズ・カップに招待するというメールを送っていた。それを知った私は、アンとともにプロジェクトを進めることにし、今日の大会に参加している人たちに協力を呼びかけようと決めていた。

時計を見て、脚がつらないことを願いながらもう一杯水を飲んだ。さあ出かけようと、鍵、財布に脛当てがバッグに入っているのを確かめながらも、頭のなかはここ数週間ベカとやりとりした数多くのメールのことでいっぱいだった。

ベカから、ビザ申請のためにベテランズ・カップ主催者からの正式な招待状が必要だと言われたので、私は主催組織にバケイグラ・バケイグラについて説明し、招待状の下書きまで作成して送って、不安と苛立ちをつのらせながら何日も返事を待った。ベテランズ・カップの大会実行委員会は海外の参加チームの保険条件を確認するのに手間取っているらしく、返事はなかなか来なかった。それでも数週間後やっと招待状が届き、しかも親切なことにグラニーたちの参加費用は免除するといってくれた。そんな風に私たちのプロジェクトは進んではいたが、進み具合の遅さにあせるばかりだ。

高校生の娘たちに「いってきます」と声をかけて、試合会場に急いだ。1時間足らずのところにある会場はすでにアマチュアの女子サッカーチームの選手やスタッフでいっぱいだった。

女子サッカーが歩んだ長く険しい道

アメリカ合衆国では現在、少女世代から成人女性までの間で、サッカーがもっとも人気のあるスポーツ競技のひとつになっている。「アイスブレーカー・トーナメント」のようなアマチュアの女子サッカーチームの大会が各地で開かれるのもめずらしいことではない。だが数十年前にはアメリカでも、サッカーだけでなく女性がスポーツ競技を楽しむことは一般的ではなかった。

記録に残っている女子サッカーの最初の試合は、1881年スコットランドでのことだ。勇敢な女性たちはニッカボッカをはき、ベルトつきの上着を着て、ストッキングにヒールのあるブーツをはいて試合に臨んだ。グラスゴー・ヘラルド紙は「何千人もの観客が、主として好奇心から試合観戦に訪れた」「選手たちの何人かはサッカー競技の知識があった」と報じている。

スコットランドの女性たちはその春6試合を興行したが、どの試合でも観客たちは困惑とあからさまな敵意をむき出しにした。スタンドから野次を飛ばすだけでなく、女性たちが試合をしているグラウンドに暴徒がなだれこんで試合を中断させ、選手たちに対し不埒な行為に及ぼうとしたこともしばしばだった。女子選手たちはピッチ脇に待機させた馬車で逃げ、警官たちが暴徒を取り締まった。世間にはまだ、女子サッカーを認める下地はできていなかった。

それから13年後の１８９４年、ブリティッシュ・レディース・フットボール・クラブが設立された。スコットランドで女子サッカー選手たちが受けた被害を踏まえ、また女子サッカーに対する世間の否定的な感情をかんがみて、創設者も選手たちも仮名しか伝えられていない。創設者はネッティ・ハニーボールと名乗り、当時最大の売れ行きを誇っていた写真週刊誌の『スケッチ』誌に「女性は男性たちが思っているような〝役立たずでお飾りに過ぎない生き物〟ではない、ということを証明しようという固い信念のもとに、この組織を立ち上げました」と設立趣旨を語っている。そして「女性たちが議会に議席を獲得し、とくに女性たちにかかわる事柄に関しては、意思決定に女性の声を反映させるべきです」と宣言して、女性参政権論者でもあった貴族の女性をクラブの理事長とスポンサーにした。

社会規範は変化するものだということを私たちはつい失念しがちである。いま私たちが当たり前だと思っている社会慣習や日常の生活習慣でさえも、ひと昔前には革命的な考え方であり行為であったことを忘れてしまう。女性がスポーツをする光景を、いまでは当たり前に受け止めていて、それがなんとなく自然に始まったように思っているかもしれない。しかしスコットランドで初めて試合をした女性たちや、ブリティッシュ・レディース・フットボール・クラブに参加した女性たちは社会規範を変える革命的な行為であり、その後に続く人たちがいたからこそ、2010年のうららかな春の日に、ボストンのグラウンドに大勢の女性たちが集ってサッカーの試合を楽しむことができるのだ。

アメリカで女子サッカー普及に貢献した女性たち

「女性のみなさん、おはようございます」。アン・ストロングの声が拡声器を通して響き渡った。「10回目となるアイスブレーカー・カップにようこそお越し下さいました。例年通り、今日のイベントにボストンの中学校女子生徒たちを招待することに、多大なご支援をいただいたことに感謝します」。この愛してやまない女子サッカー大会を、次世代に引き継いでいける喜びに、参加者たちから声援と指笛が湧き起こった。喝采がしずまったところで、アンはルールと安全対策について再度確認したあと、ヘザーを呼んだ。

壇上にあがったヘザーは、南アフリカのサッカー・グラニーたちを招待する企画について説明を始めた。「2ヵ月ほど前、私たちは南アフリカでサッカーをしている高齢女性たちのチームのことを知りました。59歳から84歳までが参加していると聞いて、私たちにこの企画がひらめいたのです」。参加者たちはヘザーが語る、ベカのこと、バケイグラ・バケイグラを結成した経緯、「サッカーを通して高齢女性たちが友情を育み、健康状態が大きく改善した」という話に熱心に耳を傾け、共感をこめた歓声で応えた。ヘザーがグラニーたちを7月のベテランズ・カップに招待したと話すと、喝采が起こった。

参加者たちの心をつかんだと見たヘザーは、そこで依頼を切り出した。

「ベカはいま、スポンサーを見つけようと当たっています。でも私たちはみなさんの協力をあおぎたい。グラニーたちの宿泊費と移動のためのバス料金をみなさんたちの寄付でまかないたいのです」。この企画には地域住民からの支援が必要だが、参加者たちの反応を見て、気持ちだけではないサポートが得られると信じた。

4時間後、何試合もこなした私たちは、勝利にハイタッチして広げたシートの上に倒れこみ、パンパンに張った脚をいたわった。ピーナッツバターのサンドイッチを口に放りこんだとき、アンがこちらにやってくるのに気づいた。

「ジーン、こちらがベイステート・ブレイカーズで私のチームメイトのロイスよ」。急いで手をショーツでぬぐうと、アスリート体形で、シルバーのショートヘアーを逆立てた50代半ばくらいの小柄な女性に握手の手を差し出した。ロイスは今年のベテランズ・カップを主催する、マサチューセッツ州成人サッカー協会に勤務しているとアンが説明した。

「南アフリカの女性のかたがたとお会いするのが楽しみでなりません」とロイスはいった。「私のモットーは、〝サッカーを広めて、正しいことをしよう〟なんです。私でできることをぜひお手伝いさせてください。ベテランズ・カップ大会実行委員会のすべての会議に私は出席していますから、ホテル宿泊料金の割引は実現できると思います」

なんという出会い！　私はロイスに、ぜひ支援をお受けしたいと感謝とともに伝えた。

アンとロイスは女子サッカー競技の安定的発展のためにともに働き、ときに闘ってきた。アンのサッカー選手としての輝かしいキャリアは、小学3年生の体育の授業から始まる。「おなかの出た男子からボールを奪ったときのことをまだ覚えている。まわりの男の子たちはそんな私を冷笑していたけれどね」

女の子が優れた運動能力を示すと、予想外のことにまわりはまず驚き、そして小馬鹿にしながらおもしろがるのはありすぎるほどよくあることだ。

「ほかの子の誰よりも小柄だったけれど、サッカーなら小さくてもできることを私は示せた」

成長するにつれて、アンのサッカー競技への情熱は強まる一方で、弁護士から「シティ・キックス！」の創設者へとキャリアを発展させた。「シティ・キックス！」はボストンで最初に結成された女子小中学生のためのサッカーリーグである。スポーツを通して若者たちが生活のさまざまな分野で自信を持ち、優れた能力を発揮できるように若いアスリートたちを支援するアンは、その功績を評価されてコミュニティに貢献した人に贈られる賞を数々受賞している。少女たちだけでなく、高齢女性たちもアンの支援を、必要としていると私は個人的に感じている。サッカー・グラニーズが楽しそうにボールを蹴る動画を見るたびに、外に出て、からだを動かし、仲間と絆を結ぶことは、単に筋肉をつけて持久力を高める以上の意味があるのだと気づく。何か困難にぶつかったときにそれを乗り越える力を養い、精神を安定させて自信を持つことは、少女から高齢女性までどの年代の女性に必要だからだ。

１９６０年代にサッカー競技を知ったアンとロイスは、自分たちが参加できるチームがどこにもないことを知った。だが１９７２年に連邦議会は、公的高等教育機関における性別に基づいた差別を禁じる教育改正法第９編、通称タイトルⅨ（ナイン）を可決した。連邦政府の財政支援を受けているいかなる教育プログラムや活動においても、性別を理由に参加を拒まれたり、財政支援を受けられなかったりすることはない、とするタイトルⅨは、スポーツについて特別に言及はしていない。だがこの法律によって、学校や大学は男性と女性のアスリートに均等な機会を与えていることを示さなくてはならなくなった。タイトルⅨ制定後、アメリカ各地の学校や地域で、女の子たちはサッカーのピッチやテニスコートでプレーするようになり、プールの競技者用レーンで練習できるようになった。法律制定から10年以内に、高校でスポーツをする女の子たちは20万人から200万人と10倍に増えた。10年前にはサッカーグラウンドに女の子はいなかったが、10年後には女子サッカー人口は一気に増加した。

ロイス・ケッシンは幼いころから「おとこ女《トムボーイ》」と呼ばれた。おとこ女という言葉はいまでは死語になっているが、走る、飛び跳ねる、あちこちよじ登るといった男の子がやることとされた活動が大好きな女の子は当時そう呼ばれた。

1970年代はじめ、20代だったロイスは男性たちが個人で自由に集まってする試合に参加するようになった。ほかの男子から「家に帰って、新婚の夫に夕飯でもつくってやったらどうだ」といじめられたが、そんな声を無視してサッカーを続けたロイスは、やがて一緒に試合をする男子の多くと親しくなった。そのとき知り合った男性たちは娘が生まれると、ロイスの因習にとらわれない生き方をちがう目で見るようになった。「きみは勇敢だったよ。きみがプレーするのを見てきたから、ぼくの娘にもサッカーをやらせる」と彼らはいった。

ロイスは皮肉っぽく苦笑していう。「そういわれるのは結構なことだけれど、最初のころに私が男性たちからどれだけの嘲笑を浴びせられてきたかと思うとね」

1979年にイースタン・マサチューセッツ・ウィメンズ・サッカーリーグを仲間と一緒に立ち上げたとき、最初の会議であきらかになったのは、設立にはもうひとつ乗り越えねばならない山があることだった。

「リーグを運営する責任を女性たちで負うと決めていました。それぞれ自分が得意とする分野の能力とエネルギーを集めて、協力しあって組織を運営することにしていたのです。ところが会議にひとりだけ加わっていた男性が立ち上がって、そんなことではリーグの運営なんてできない。トップに立つ男が必要だと言いだしたのです。そこで私は彼を喝破しました。『私たちはおバカな女の集まりじゃないですよ。女性だけでもちゃんとやっていきます』。そのとおりでしたね」

それからいまにいたるまで、ロイスは女子サッカーチームのコーチや運営者としてマサチューセッツ州成人サッカー協会で3回殿堂入りをしており、ニューイングランド州成人サッカー協会でも1回殿堂入りしている。

おバカな女ではないのだ、本当に。

南アフリカでサッカーに挑んだ女性たち

ロイスとアンがマサチューセッツ州で女子サッカー競技の発展につくしていたのと同じ1960年代に、南アフリカ共和国のヨハネスブルグ市内にあるソウェト地区（訳注：アパルトヘイト制度が敷かれていた当時は黒人たちが強制的に移住させられた居住区だった）で、最初の女子サッカーチームが結成され、ピッチに立ったことが記録されている。1962年のことだった。その後まもなく、ケープタウンでも若い女性たちのサッカーチームがメディアで取り上げられた。だが記者たちが注目したのはすぐれた技術よりも、選手たちの性的魅力のほうだった。どちらのチームもまもなく解散した。

30年後の1991年、有色人種を法制度で差別してきたアパルトヘイトがようやく撤廃され、南アフリカ共和国に民主主義政権が成立すると、女子サッカーチームも国際試合に参加するようになった。1991年最初のFIFA女子ワールドカップが開催されたとき、アフリカから出場したのはナイジェリアだけだったが、南アフリカの女性たちはいつか自分たちの女子代表チームが国際大会に出場できる明るい未来を思い描いた。最初の女子ワールドカップのあと、黒人女性たちのスポーツ人口は飛躍的に増えた。

FIFAが女子サッカーに力を入れる姿勢を見せ始めると、1996年のアトランタ・

オリンピックから女子サッカーが競技種目に加わった。そこで南アフリカ全土から選手が集められ、1993年にサッカー女子代表チームが結成されて、スワジランドと初めての国際親善試合を行った。少女たちを意味する「バニャーナ・バニャーナ」という愛称がついた代表チームは広く女性ファンを集め、2012年にはロンドン・オリンピックに、2019年にはFIFA女子ワールドカップにそれぞれ初出場した。

女子サッカー競技は発展してきたとはいえ、南アフリカ共和国ではサッカーは黒人男性のものとされている。社会における性別に基づいた差別を打ち破るために、サッカーへの情熱を女性たちの間で共有し、コミュニティで社会階層、人種、年齢を超えて手を取り合って闘っている。ロイスとアンが大人になってからぶつかってきた壁と同じようなものが南アフリカにもあるのだ。だがその闘い方はいろいろな意味で、アメリカの女性たちのものとはちがっている。南アフリカの女子サッカー選手たちは、社会変革のための活動とさまざまな差別への抵抗運動の経験を、「サッカーは男性のもの」という偏見を打破してピッチに立つために生かしている。地元のサッカーチームに入りたい一心で、反対する母親を説得するために4日間ハンガーストライキをした15歳の少女の闘い方は、南アフリカでの典型的な例だろう。

サッカー・グラニーズは、サッカーをプレーすることを決して諦めず、サッカーへの情熱を誇り高く貫いている。女の子はサッカーをするにはかよわすぎる、女性は家のなかのことをしていればいい、スポーツは男の子がするもの、そんな時代遅れの見識を前にしてもひるまない。

おばあさんがボールを追いかけるなんて無理。短いパンツをはいてみっともない。そんなヒマがあったら子どもの面倒を見て、家のことをちゃんとしろ。周囲のそんな声や社会規範をものともせず、おばあさんたちはさっそうとサッカーをしている。

第4章　いま自分ができる小さな善行をなすこと

転んだ人を見かけたら、
手を差し伸べなくてはいけない。いつもそういっている。
ただ立って見ているだけじゃだめだ。わかったか？
——エイブラハム・セイバー・クワベナ（サッカー・グラニーズのコーチ）

困っている人を助ける勇気と知恵

ジーン、
朝早くからこれを書いているのは、昨晩眠れなかったからなの。私が住んでいるところから120キロのところにある中部の町、ボーフムから助けを求める電話がありました。だから訪ねていったら、そこには親を亡くした子どもたちがいたんです。おじさんに引き取られたんだけれど、その人は重い病気にかかっていて、おばさんは自分の子どもを3人抱えていました。小さな掘っ立て小屋に11人で暮らしているのよ。おばさんは必死に頑張っているのだけれど、なんとも痛々しい状況でね。写真を送ったから見てちょうだい。

あの人たちのために家を建ててあげなくちゃいけない。そのためにお金が必要です。昨日はレンガを買いました。ほかにもセメント、屋根の資材と大工が必要。もしできたら、助けてほしい。あなたの慈悲にすがりたいです。これが最初で最後のお願いです。何かと引き換えにするつもりはないからお願いします。

ベカ

ベカが送ってきた3枚の写真を見た。1枚目は、むき出しの地面の上につぎはぎのトタン板で囲っただけの小さな小屋。ドアにはカラフルなストライプの布がかかっている。2枚目は、やせて骨張った男性がぶかぶかのカーキ色のパンツにサンダルで、木の椅子の上に座っている写真。男性の傍らに立っている女性はロングスカートをはき、バンダナを頭に巻いている。疲れ切った様子で、不安な表情が画像からも見てとれた。

家のなかにあるのは小さなテーブルと、2、3個のボウルと木箱が載った棚だけ。水道も電気も通ってなさそうだ。3枚目の写真では、家の前につくられた間に合わせの窯を囲むように、カメラレンズをにらむような目つきでただ突っ立っている。子どもたちは、9人の子どもたちがはだしで立っていた。背の高さがまちまちの子どもたち顔を見ていると、ベカが「写真を撮らせてね。きっと役に立つから」といっている声が聞こえるような気がした。

こんな話を読んで気持ちが動かないはずがない。少しばかりのお金をベカの手に届ければ、きっと彼らの助けになるだろう。それはわかっていたが、一方で一度お金を送れば、また頼まれるのではないかと恐れる気持ちがあった。お金を送るべきか否か、送るとしたらいくらぐらい送ればいいのか、と何回も悩むのではないか。それでも助けてあげたい、と私は揺れた。

お金を倹約することとケチることのちがいはどこにあるのだろう？　困っている人を助けることは、思いやりからの善行か、それとも自己中心的な偽善的行為になるのか。夫がキッチンにやってきたとき、私の思考と感情は揺れ動いている最中だった。

夫のマークはグレープフルーツ・ジュースをコップに注ぎ、飲みながら私のラップトップをのぞきこんだ。「カネの無心か？　用心しろよ」。顔をしかめて彼はいった。「きみがやりとりしている相手が、ナイジェリアの首都ラゴスのカフェにたむろしている男たちで、きみを引っかけようと企んで笑っているかもしれないぞ」

迷いがますます深くなって、私の気持ちはまた沈んだ。

マークはソフトウェアとコンピュータ・システムのセキュリティ設計を仕事にしているので、見知らぬ相手とのオンライン上のやりとりで生じる危険をよく知っている。頻繁にセキュリティ関連の会議に出席していて、インターネット上の詐欺の最新情報に詳しい。ナイジェリアは詐欺の手口が巧妙だといわれている。メールでゆっくりときみの信用を得て、送信者のアイデンティティや動機を証明するようなウェブサイトにきみを誘導する。そのサイトは実際にはきみをだますだけの目的でつくられたものなのだ。詐欺師は言葉巧みに同情を引き、共感を呼び、ここぞというときを見計らってカネを送ってくれと持ちかけ、しかも緊急を要すると訴えてこちらに考える時間を与えない。そうマークは忠告する。「ぼくはなにもこのメールが詐欺だといいたいわけじゃないけれど、用心するに越したことはない」

南アフリカはナイジェリアとはちがう。ベカは詐欺師じゃなくて聖人だ。頭のなかで私は反発した。だが夫の警告を聞いて、自分がベカの肩を持ち、彼女を擁護したいと思っていることに気づいて自分でも驚いた。「でも最初に彼女とコンタクトをとったひとりなのよ、私は」とほとんど懇願するような口調で私は反論した。「それにBBCがベカやサッカー・グラニーズの記事を書いている。ベカはすごい人なの。南アフリカ政府の公式ホームページを見れば、彼女がいくつも賞を受賞していることがわかるから」

とはいうものの、どれだけ夫に反論してベカをかばっても、心のどこかにかすかな疑念が湧いたのは否めなかった。たしかに公式ホームページのように見えるけれど、もしかしたら……。

マークは肩をすくめた。「とにかく警戒は怠らないと約束してくれ」

オートミールの入ったボウルをかきまぜながら、私は自分に疑いの念が生じたことを恥じていた。少しでもベカを疑い、お金を送るかどうか迷ったことを恥じた。ベカとの関係はすでに私にとってたいせつなものになっている。だがサッカー・グラニーズが存在するのはまちがいないとしても、その名声を利用しようとするものがいてもおかしくはない。ベカのアイデンティティを盗み、巧妙な罠をしかけている可能性はある。でも、このメールは詐欺ではないはずだ。

信用している夫が忠告するから、ベカの無心をこうも疑っているのだろうか？　それとも、もっと醜い気持ちがためらわせている？　その気持ちが何なのか、私は考えたくなかった。でも……もしドイツのサッカーチームからの依頼だったら、こんなに迷うだろうか？

二十数名の女性たちを南アフリカからアメリカに招待するために、私と友人たちはいまがんばって資金を調達している。そのこととは関係なく、私はベカのメールに返事をしなくてはならない。お金の話題はいつだって人を居心地悪くさせる。

私には別の視点が必要だった。私が所属するサッカーチーム、レクスプレッサスのコーチであるカトリーヌとヘザーの意見を聞こう。自分ひとりで悩まなくていいことが嬉しかった。お金の無心にどう応えるか、一緒に考えよう。

仲間がいるから前に進める

「ごめん、遅くなっちゃった」。カトリーヌが車でやってきて、私たちは乗りこんだ。ベカのメールを受信した翌日、木曜の夜は試合の日で、レキシントン・ハイの駐車場に集まって相乗りして試合のグラウンドに行くことになっている。ヘザーは足元にサッカー用具が入ったバッグを放りこみ、助手席に座ってシートベルトをつけながらこぼした。「家を出ようとすると、なぜ毎回あれやこれや起こるの？」

私は笑いながらいった。「数時間の自由を得るための代償ね」

高速道路に入ると、話題は自然にサッカー・グラニーズのことになった。ベカがインタビューで、アメリカに行くための資金を集めたと話している動画を見つけたと私はみんなに教えた。もう資金を集めたのかと私は椅子から転げ落ちそうになるほど驚いたが、それについて報じる記事も何本か見つけた。だが記事でふれられている金額がすでに集まった額なのか、それとも目標としている額なのかははっきりしなかった。

「ジーン、あなたの働きぶりはすごいわ。あなたがつくった、アメリカ成人サッカー協会のホームページでグラニーズを紹介したスライドショーはまさにプロの仕事よ。資金集めのためのチラシもよ。もちろんベカとのやりとりも適切でたいしたもんだわ」。ヘザーが褒めてくれた。

だが私ひとりががんばっているわけではない。アンはボストンに本拠を置く非営利団体、南アフリカ・パートナーズを見つけて、私たちに代わって寄付集めをしてくれるよう交渉し、それが大きな助けとなっている。南アフリカの国民が公平に医療と教育を受けられることを活動の目的にする団体は、サッカー・グラニーズのプログラムに合致する。私たちにとっては、南アフリカ・パートナーズがかかわってくれることで、集めた寄付がすべて税金免除になるという利点がある。

そこまで話が進んだところで、ベカの無心について切り出すことにした。ベカからのメールで、困窮している家族に家を建てるための資金を援助してほしいと頼まれたことをおそるおそるチームメイトに話した。念のために、マークの警告についてもふれた。「もしも詐欺だと判明したら、寄付をしてくれた人たちをだましたことになって私たちの評判は地に落ちるかもしれない。でもこの話が違法だという可能性はすごく低いと思うの」。話しながら私は疑いを打ち明けることに自己嫌悪をおぼえたが、いわないわけにはいかなかった。

ベカのメールを受け取ってから、私は懸念していることを考えに考えつつ、どうすればベカを助けられるかを検討した。少し前にレクスプレッソサスはカトリーヌと私に、コーチと会計係としてチームに貢献したことに感謝をこめて、300ドルをプレゼントしてくれた。「そのお金をグラニーズのために使うのは、ぴったりじゃないかしら?」とチームメイトたちに私は提案した。

「いいじゃない?」。カトリーヌはきっぱりといった。「仲介組織に中抜きされずに、助けたい人に直接お金を寄付できるチャンスはそうそうないわよ」。そうはいうものの、彼女はマークの忠告も当然だと考えた。「最近のベカに関する記事のリンクと彼女の受賞について報じているサイトのURLを送ってくれる? チェックして、自分の安心材料にしたいだけだから」

ヘザーは賛成する、といった。

決まった！　いや、ほとんど決まりだ。とにかく私はもやもやと湧いてきた疑念を友人たちと共有できてほっとした。

寄付集めという複雑な難事業

つぎの数日間、カトリーヌが私から送った資料について検討する間、私はグラニーたちがアメリカにやってくるための資金を確保するために奮闘した。私は内向的な性格で、人目を引くことが大の苦手だ。でもそんなことはいっておられず、友人や家族、親戚に寄付を求めるチラシを添付したメールを送りまくった。不安がまったくないというわけではなかった。チラシを受け取った人たちはこの企画に魅力を感じてくれるだろうか？　高齢女性がサッカー選手だと理解してくれるか？　チラシを見て不愉快に思って、返事をためらうのではないか？　だが、ベカを見習ってそんな思いを断ち切り、私は送信ボタンを押した。レクスプレッサスのチームメイトにも、友人や家族、親戚に送ってほしいとチラシを送信した。

並行してスポンサーになってくれそうな企業や団体をチーム全員で洗い出したが、自分たちが勤めている会社は除外した。この企画には企業のスポンサーはつかないだろうと一度ならずいわれていた。大会がテレビ放映されないし、ファンが大勢観戦する会場で試合があるわけではないからだ。私が勤務する会社なら、たとえ寄付を頼んでも断るか無視するかのどちらかなのはまちがいない。それでも私は企業や団体からの寄付集めを敢行した。とてつもないストレスを感じたけれど、一方でやりがいを感じて張り切っていた。

そうこうするうちに、ベテランズ・カップの組織委員からメールが転送されてきた。ベッツィと名乗る女性がチームを大会に呼ぶことを手伝ってくれるというのだ。ベッツィはすでにベカにメールして、950ドルが必要で、ビザをとるために手助けが必要だと返事をもらっているという。950ドルとビザ取得を助けることが一番よい道かどうか知りたい、というメールだった。

私はパソコン画面に顔を近づけてベッツィのメールを何度も読み返した。最初の「そんなことありえない」という気持ちが驚愕に変わった。ベッツィのメールには私が知らない会社名が記されていたが、調べるとスポーツチームのスポンサーをしている会社だとわかった。

私は夢中でキーボードをたたいてベッツィに感謝を伝え、ベカにぜひ送金してほしい、べカはすでにビザ取得のための面接スケジュールを決定しているから助けてあげてほしい、と伝えた。そして添付した寄付のお願いのチラシを支援してくれそうな人に送ってもらえないかと依頼した。

私はベッツィがこの計画に関心を示したことが、どれほど大きな支援になるのかを理解しそこなっていた。つぎのメールで彼女はこう伝えてきた。

ありがとう、ジーン。バケイグラ・バケイグラのチームを大会に招待するのに、「全部で」いくらかかるのかを知りたいです。教えていただけますか?

座ったまま椅子を転がしていってドアを閉めると、デスクまで戻った私はメールの末尾に書かれている電話番号にかけた。あせったあまり2回も番号を押しまちがった。深呼吸して気持ちを落ち着かせ、3回目にやっと、待っていた奇跡を起こしてくれるかもしれない女性につながった。

ベッツィと私は簡単に自己紹介をすませるとすぐに本題に入った。ベッツィはグラニーたちのパスポート、ビザと航空券の状況について立て続けに私に質問を浴びせた。

「いまあるのはこちらで見積もった旅費なんです。航空チケットを押さえるためにはビザ申請が必要なので、いまの見積もりはあくまでも相場でしかありません。ワールドカップ終了後にアメリカに帰国する人が大勢いるので、チケットをとるのがかなりむずかしい時期にあたっています」。いま5500ドルを集めたのだけれど、航空運賃はおそらく4万ドルから5万ドルかかるとみている、と私はベッツィに伝えた。

電話口のむこうでしばらく沈黙が続いた。

その沈黙にひるみながらも、私は続けた。「もし航空運賃を負担してくださるかたがいれば、私たちはこれまで集めた寄付金を大会会場近くのホテル代、食費や接待費にまわせるのですが」

そこでベッツィは口を開いた。自分の会社は南アフリカに支部があるから、旅行の手配で協力できるだろう。スポンサーになることについては何も約束しなかったが、ベッツィは自分ができることはやってみよう、といってくれた。

私は彼女に感謝を伝え、友好的な挨拶をかわして電話を切った。

こんなことがあるんだ、と驚きのあまり私はしばらく呆然とした。いま私が電話で話していた相手は、私の守護霊？　もしかすると、本当にもしかするとだけれど、この企画は成功するかも。

一刻も早くこの突破口について知らせたくて、私はカトリーヌに電話をかけた。だが彼女は舞い上がっていた私に水をかけて目を覚まさせた。グラニーたちに代わって寄付を集めている私たちには、寄付金がヒモつきではないかどうかをしっかりと調べる必要がある、と彼女はいったのだ。

ああ、そうだった。

お金を出してくれと頼むこともだが、お金を受け取ることもそんなに簡単なことではない。私はだんだんわかってきた。

ボランティアをする動機はなに？

この慈善事業の企画は緊張をはらんでいた。ベカはいとも簡単そうにやっているように見えたが、私たちにとってはそうはいかなかった。チームメイトたちも私もアメリカの大手企業スポンサーを見つけようとしていたが、一方で友人や親戚からの寄付も募っていた。その上、私たちは困窮家庭のために家を建ててあげたいというベカの依頼にどう応えようかと頭を悩ませた。

私たちはいったい何をしているのか？　ベカのその頼みに私たちが応える理由はどこにあるのか？　その疑問がどんどんふくらんでいった。私たちの動機はどこにあるのか？　困窮家庭を助けることにあるのか？　それともベカを喜ばせ、困窮家庭を助けたことでベカの気分を良くすることにあるのか？　お金を出すことで私たちがいい気分になるためか？

正直にいえば、私にとっての動機には、このすべてが入り混じっていた。でも私たちの最初にあった動機は「南アフリカのサッカーチームを助けたい」だったのではないか。

ヘザーは以前、息子と一緒に歩いているとき見知らぬ人たちから「白人救世主」と呼ばれたことがあるそうだ。呼びかけたのは黒人で、エチオピアからきてアメリカの家庭の養子になった男性だった。大勢のアメリカ人が、アフリカで学校や図書館を建てるためのボランティアに参加していることを思い出した。白人の慈善家が貧しい黒人の子どもたちと一緒に現地で撮った写真を見たとき、私のなかに何ともいえない居心地の悪さがこみあげた。

しかしなさねばならない仕事があることは、疑いようがない。どうしても必要とされることをする動機を、あれこれ批判することがなんの役に立つだろう？　白人のボランティアたちはアフリカで学校や図書館を建てることに誇りを感じていたはずだ。彼ら彼女らの心が謙虚な奉仕精神で満たされていたか、それとも自己満足だったかを詮索することは重要だろうか？

その想いとともに、別の疑いが頭をもたげた。実際にボランティアたちがやった仕事は何だったのだろう？

そのプロジェクトは持続可能な事業だったのか？

ボランティアは十分なスキルを持っていたのか？

地元の人たちに仕事をもたらしたか？

富の再分配のために自分たちの時間と労力を使ったことは評価できる。だが自分たちの動機を問い直し、地域の状況を理解することも重要だ。なぜこうも大勢のアメリカの白人たちが飛びつくようにアフリカの村々にボランティアに出かけるのか？　自国を振り返れば、食べるものが十分になく、住むところがない人たちがいるのに、それを無視しているのではないか？

そしていま問い直すべきは、私とレクスプレッサスのチームメイトたちの動機だ。私たちは多大な労力と時間を使って、サッカー・グラニーズをアメリカに呼ぼうとしている。私たちは貧しい南アフリカの黒人たちを、恩着せがましく助けようとしている白人アメリカ女性たちなのか？

いや、そうではない。ここでいま私たちがやろうとしているのはそんなことではない。表面的に見れば、たしかに私たちは呼ぼうとしている南アフリカの人たちよりも経済的には豊かな白人女性たちだ。だが私たちとグラニーたちとの絆はもっと個人的なものだ。私たちの絆は、サッカーへの情熱と女性同士《シスターフッド》の連帯感に根ざしている。一回かぎりの冒険に終わらせず、長期にわたる関係を築いていくつもりだ。私たちのプロジェクトを率いているのはベカだ。彼女は今回の旅の価値をはっきりと評価している。私は彼女を信頼しなくてはならない。つぎつぎと湧き起こってくる疑念を追い払ってベカを信頼し、ベカが必要としていること、彼女が私に求めていることに耳を傾けることだ。

　南アフリカの賢者デズモンド・ツツ（訳注：１９３１～２０２１。聖公会司祭で反アパルトヘイト・人権活動家として知られる神学者。ノーベル平和賞受賞者）はいった。「いまあなたがいる場所で小さな善をなしなさい。小さな善が集まれば、世界は善きことで満たされる」

　その通りだ！　もしベカがおばさんとおじさんと9人の子どもたちのために家を建てたいというのなら、私たちは彼女を助けよう。彼女にお金を贈って、彼女がもっとも有益で持続可能だと判断するやり方でそれを使ってくれることを信じよう。ベカはこれまで人々の信頼を勝ち取るようなことを成し遂げてきた。だから私たちも彼女を信じて、少しの善をなしていこう。

　ベカとの関係がこれからもっと深く、もっと広くなっていくのは自然な流れなのだ。そのことを恐れて疑ったりしたくない。新しくできた友だちを支え、彼女がもっと幅広く成し遂げようとしている使命をともにになない、彼女の知恵と経験に頼ってついていこう。

カトリーヌが資料の検討を終えると、私はすぐにベカにありったけの祝福とともに300ドルを送金した。

ベカの癌が再発する

ところが送金してから2週間たってもベカから何の返事もなかった。ベカを全面的に信用するといっておきながら、かすかな疑念も湧き起こらなかったといっては嘘になる。ベカを信頼して、彼女が必要とすることをする、と何度も自分に言い聞かせた。

そんなある日、朝のコーヒーを飲みながらラップトップを開いてメールをチェックしていたとき、待ちに待ったベカからのメールを見つけて思わず私は叫び声をあげた。私たちが送金したお金を受け取った、ありがとう、という感謝の内容だった。ほっとした。

困窮家庭の家を建てるために必要な資材を購入しただけでなく、地元の学校に足りなかった椅子を30脚購入したそうだ。すばらしい！

だがメールを読み進むうちに、胃が痛くなった。

ジーン、私がいま辛い状態にあることを思い切って打ち明けようと決めました。実は病状が悪化して、入院していました。医師が私を退院させて自宅に戻したのは、もう打つ手がないと思われたからではないかと疑いましたが、いまは少しましになっています。来週給与を受け取ったら、癌専門医にまた診てもらおうと思っています。来週、放射線治療に戻ることになるでしょう。生きていくのは楽ではないけれど、以前と同じようにまた乗り越えられるとわかっています。胃がふくらみ、足がむくんでいます。人生は短いけれど、2003年から癌は寛解していたことを思い出してくださ い。再発しましたが、私が参加するかどうかにかかわらずグラニーたちは旅立ちますよ。みんなそちらに向かいます。

ベカの人生は闘いの連続だ、と私はあらためて気づいた。再発したのは、私たちが送金した直後なのだろう。自分のあまりの能天気さに腹が立った。私がアメリカで感謝のメールが来るのをやきもきして待っている間、ベカは癌が進行して入院していた。それなのに学校で床に座って勉学している高校生たちのために、椅子を手配するほど強い人なのだ。

メールをプリントアウトして、朝の練習試合に向かった。

チームが集まったところでメールを読んだカトリーヌはフランス語で悪態をついた。

「なんてこと！　胃が膨張しているなんて、よくないね。前にホスピスでそんな人を見たことがあるよ」

レクスプレッサスから2回目の寄付を送ろうと決まるまでに30秒もかからなかった。治療でも鎮痛剤でもなんでも、彼女がいいと思うことにお金を使ってほしいと伝えた。

しかしベカの癌が再発したことで、グラニーたちをアメリカに招待するプロジェクトがあらたな暗礁に乗り上げたといわざるをえない。ベカの強い意志と前向きな姿勢が、きっと病気を乗り越えさせてまた彼女を活動に戻すだろう、と私は信じなくてはならない。

苦しむベカのことは考えたくない。でもたいせつな友人のために私は何ができるだろう。それが見えなくて私は悩んだ。きっとよくなると励ますには、南アフリカは遠すぎる。

第5章 南アフリカが歩んだ過酷な歴史

父はトマトを入れて運ぶための箱を作る仕事をしていました。年金を受給するまで働きました。ただ稼ぎが十分ではなかったために、両親は家ではお金のことでけんかばかりしていて、それがつらかった。学校ではほかの子たちにバカにされました。ほかの子がパンとかおいしそうなものをお弁当箱に入れて持ってくるのに、私の弁当箱に入っているのはおかゆとそのへんに生えている雑草でしたから。

——マコメ・セリーナ・マトワラネ（サッカー・グラニーズのひとり）

パスポート取得に四苦八苦

2日ほどしてから私に、ベカから2回目の送金へのお礼のメールが届いた。病院で出会った自分より重症の男性の写真が添付されていて、お金をその男性に渡したとあった。もちろんベカならやりそうなことだ。彼女自身の癌が寛解したのか、化学療法の効果がどれほどあったのかについてはふれられていなかったものの、他者への気遣いと寛容の精神は少しも衰えていない様子にほっとした。

ベテランズ・カップが2ヵ月半後に迫ってきた。ベカはパスポートの準備は整ったといっていたが、私が何回か依頼してもパスポート番号を送ってこなかった。想像するに、グラニーたちのビザ取得に悪戦苦闘しているのではないか。それでもベカはどのメールにも自信満々に「私たちは行くからね。もうすぐ会える」と書いてきて、私を安心させた。私はなんとしてもベカのその言葉を信じたかった。この数ヵ月、サッカー・グラニーズをアメリカに呼ぶプロジェクトは、日を追うごとに私のなかで重重になっている。

渡航の手続きに手こずる原因のひとつは、グラニーたちが最低限の教育しか受けておらず読み書きができないためだ、とベカは一度私にこぼしたことがある。南アフリカでは、黒人であり、女性であり、地方在住者であることは、三重苦を負わされていることを意味する。

教育が十分でないことに加えて、雇用者が圧倒的に白人であるために、南アフリカで三重苦を課せられた黒人女性たちの働き口は限られていて、仕事があっても低賃金だ。グラニーたちの大半は、ヨハネスブルグから400キロ以上離れた地域に家族と暮らしている。南アフリカで定収入を持たない大勢の黒人たちは貧困にさらされているが、とくに女性たちはほそぼそと育てた作物で飢えをしのぐしかないのが現状だ。

20人の高齢女性たちをサッカーの試合のためにアメリカに招待するにあたって、十分な資金を調達することだけが問題となるわけではない、と私は理解し始めていた。お役所仕事が効率悪く複雑なのは、そもそも南アフリカでは組織がちゃんと機能していないことにある。そうでなくても複雑な仕事が、組織が機能していないことでますます困難になっている。だがそのすべては2世紀以上にわたる社会の混乱に起因しているのだ。

アパルトヘイトが法制化するまで

ツォンガの人々は1300年ごろにアフリカ大陸南東部に定住するようになった。人々は計画的に牧畜と農業を営み、強固な家族制度を基盤にしたコミュニティをつくり、部族として結束していた。200年以上ツォンガはその地で繁栄していたが、外部からの圧力によってしだいにその社会基盤はゆらいでいった。

最初にコミュニティに決定的な亀裂が入ったのは、1800年代はじめに欧州の人々が大規模農業のための土地を求めてやってきたときだ。白人の土地所有者たちはツォンガに居住地と地所を「提供」したが、収穫の半分を借地料として支払うことを条件にした。ツォンガの人々を住んでいる土地から追い出してしまう土地所有者もいた。

1800年代半ばには金とダイアモンドが発見されたことで、欧州の南部アフリカに対する関心はますます高まり、とくにオランダと英国から大挙してこの地に移民が流入した。オランダ人の入植者はボーア、またはアフリカーナーと呼ばれ、現在リムポポ州となっている地域にトランスバール共和国を設立した。

ダイアモンドと金を獲得するため南アフリカの植民地化を進めた英国は、トランスバールを併合しようと1880年から1881年にかけて1回目の、つぎに1899年から1902年にかけて2回目の戦争をしかけ、ボーアと激しく争った。1902年、ボーアと英国はフェリーニヒング条約を締結し、トランスバールといくつかの地域を合併させて、マイノリティである白人が権力を握る南アフリカ連邦を1910年に設立した。これによりツォンガの人々は南アフリカ人となった。

１９１３年に南アフリカ連邦は「原住民土地法」を制定した。国土の90%を人口20%にあたる白人が所有するという法律である。この法律で南アフリカの黒人たちは国土の10%をのぞいて土地を所有・購入するのが禁じられた。南アフリカのある新聞は、原住民土地法成立１００年目にあたる２０１３年の社説で「たった一枚の紙切れに記された法律によって、黒人の家族は自分たちが生まれ育った土地を奪われた」と書いている。

法律によって強制的に移住を迫られただけでなく、数百年前から先祖代々住んでいた土地を追われたツォンガの人々は、家族を養っていく手段も失った。ツォンガの半分以上の男性たちは仕事を求めて鉱山や街に出ていった。かつては強固だった家族という社会基盤が崩れるのに時間はかからなかった。

そして過酷な人種隔離政策《アパルトヘイト》が始まり、貧困、不平等、失業が深刻化し、人口移動率は高止まりした。１９１３年の原住民土地法制定から始まった問題は、現在にいたるまで南アフリカの黒人たちを苦しめ続けている。

高齢女性が置かれた悲惨な現実

１９９１年にアパルトヘイトが撤廃され、１９９４年に初めて民主的な自由選挙が行われてからも、南アフリカは地方在住者の生活水準を向上させることに苦労している。ベカと私がグラニーたちをアメリカに呼ぶ夢を語り合っている間も、南アフリカの人口の半分は貧困線（訳注：生活に必要なものを購入できる最低限の収入を表す指標）を下回った暮らしを強いられている。リムポポ州の失業率は南アフリカでもっとも高い。

生産年齢にある女性たちはやがて、都会で仕事を探すために故郷を離れるというむずかしい選択をするようになった。母親も父親も都会に働きにいってしまうと、地方に残された子どもたちの面倒を祖母が見ることになる。ベカはいう。「小さな家に13人も14人もひしめきあって暮らしていることも多いのです。そのストレスたるや。両親が家を遠く離れて働きに出てしまうと、祖母が孫の面倒を見ることになります。いったん家を離れてしまうと、お金を送ってこない親もいます」

祖母たちは孫たちを食べさせていくためにたいへんな思いをしている。多くは必要最低限の食べ物を小さな土地から得ているにすぎない。貧困と不安定な就労の問題は、本来なら ケアを受ける側にまわるはずの高齢女性たちがまたも次世代のケアに骨身を削り、壊れかかった家族をまとめる役割を引き受けざるをえない現状を作り出している。

そんな悲惨な状況に追い打ちをかけたのが、1990年代後半から2000年代前半に猛威を振るったエイズの流行である。若者から中年まで多くがエイズに罹患し、ときに死亡した。「あとに幼い子どもたちが残されました」とベカはいう。「娘が産んだ子どもが3人、息子の子どもが4人、もうひとりの子どもが遺した子が4人と、11人の孫をおばあさんがひとりで面倒を見ていることもよくあるんです」。祖母たちは自分たちも病気を抱えながら、亡くなった子どもたちを埋葬し、孫たちを育て、あえぐような思いで家族を支えている。経済的にも精神的にもぎりぎりまで追い詰められている。

そういう高齢女性たちは家族の世話を優先して、自分たちが受けるべき医療サービスを後回しにしがちだ。「それを考えると、高齢女性たちがいかに大きなストレスを抱えているかわかるでしょう。政府からは雀の涙ほどの手当てしか支給されない。彼女たちが絶望的になるのも当然です」

リムポポ州の高齢女性たちの多くが、ストレスに起因する高血圧、肥満、心臓病やぜんそくを患っており、病気についての理解不足と近代医療へのアクセスがかぎられていることで、病状が深刻になることもめずらしくない。

悪いことはすべて「魔女のしわざ」

重い病気を患うと、南アフリカの大半の人々は近代医療とあわせて祈禱師にすがる。南アフリカは昔からの伝統で先祖の霊を信仰し、霊的な世界と現世が交流していると人々は信じている。そんな環境下で、南アフリカの地方在住の高齢者や病人の命はますます危険にさらされる。魔女の存在はいまだに多くの人々に疑問なく受け入れられ、恐れられている。教育が行き届かず、医者にかかる費用が払えない人が多く、医療資源が乏しく、女性嫌悪が蔓延している地域では、とくに人々は危険な秘術に頼りがちだ。わけがわからない病気にかかったり、不運なことが起きたりすると、人々は占い師や治療師のもとに駆けこみ、彼らは魔女が原因だと決めつける。「悪いことは魔女のしわざ」と南アフリカではよくいわれる。

魔女がコミュニティにひそんでいるのではないか、という疑いがひそひそとささやかれ、やがて噂の声が大きくなって人々は集団的恐怖に駆り立てられる。恐怖は人間に生来的に備わっている本能だ。現実だろうが妄想だろうが、恐怖を感じれば人は危険な存在から我が身を守ろうとする。しかし見当違いの恐怖は致命的な悲劇を生みかねない。根拠のない推察がいかにも本当であるように叫ばれ、魔女のしわざだと公然と断罪される。魔女と名指しされるのはかよわい高齢女性で、とりわけ精神の病や認知症によっておかしな振る舞いをする女性は魔女と名指しされる。

生まれてからずっと同じコミュニティで暮らしてきて、住民全員と顔見知りの高齢女性が、害をなすために魔術を使っているとなぜコミュニティの人たちから信じられてしまうのか？　何世代にもわたる不平等によって人心が荒廃した環境であることを考えると、理由は明白だ。妬みである。自分自身を優位に立たせるために、意図的ではないにせよ、人は他者を攻撃することがあるのではないか。誰もが魔女と名指しされる危険がある環境においては、心のなかに妬み深く敵意を抱いている相手が、自分を傷つけようと魔術を使ったにちがいないと簡単に信じてしまうのではないか。悪いことはすべて「魔女のしわざ」にしてしまうのだ。

そして魔女と名指しされた高齢女性たちへの恐怖と不信感がつのっていくと、コミュニティの正常な団結力はあっさりと崩壊する。コミュニティの住民たちは理性を失い、暴走する。集団で魔女の疑いがかかった人の家に火をつけ、女性だけでなくその家族にも暴行を加える。犠牲者は殴られ、追い回され、叩かれ、石を投げられる。南アフリカで多くの家庭の要となっている祖母たちが、一転して侮蔑と野蛮な暴力の標的となってしまう。

南アフリカでは民主主義を勝ち取るための闘いで自警組織が重要な役割を果たしてきた。警察が公平さの点でまったく当てにならなかったからだ。今日でも社会の公正さと平和を維持する上で、人々の意識の中心にあるのは「人民による正義」である。暴徒は自分たちこそが正義だと考えている。魔女と思われる女性を攻撃しているとき、彼らの目の前にいるのは年老いた無防備な女性ではなく、危険な敵なのだ。

黒人女性は歳を取って社会的能力を失うにしたがって、暴徒のリンチの餌食になりがちだ。ベカは仲間のグラニーたちのことが心配でならない。

どんなに心配して、必死に守ろうとしても、安全が守れないことがある。学校に通えるようにどれだけお金を集めようが、困窮者の家を建てるために十分な量のセメントを集めようが、南アフリカの地方のあちこちにバケイグラ・バケイグラのチームを作って、働きすぎで疲労困憊しているグラニーたちを家から誘い出してお日様の下で健康のために運動をさせようが、それだけでは十分ではないことがある。

ある日、私はベカからのメッセージで目がさめた。彼女はリムポポにいる知り合いのグラニーについて書いてきた。


彼女は魔女だと断罪されました。首にタイヤをぶら下げられ、その場で亡くなったのです。彼女は魔女ではありません。認知症を患ったのが問題でした。彼女は私たちの仲間でした。私が闘っているのは、彼女のようなグラニーを守るためなのに。ショックが大きすぎて眠れません。

第6章 グラニーたちがやってくる！

パンを膨らませるには、パン種を強く叩きつけることだ。

――アフリカのことわざ

アメリカの大手新聞が報道する！

2010年6月、ベテランズ・カップ開催まであと5週間となった日、毎朝の日課となっている「サッカー・グラニーズ」と「ベカ・ンツァンウィジ」の検索をかけた私は、思わずパソコン画面を前のめりになってのぞきこんだ。

なんとニューヨーク・タイムズ紙が朝のトップニュースで、グラニーたちのことを報じている! 8人のグラニーたちが、ゴールネットがはられていないポストだけのゴールの前に立ち、互いに指をからませ、両腕を突き上げている写真が掲載されている。全員が黄色のスカーフを巻き、白いシャツに黒のロングスカートをはいている。擦り切れた革のサッカーボールが2個、キーパーグローブと使い古されたブブセラが土のグラウンドに転がっている。写真の上には大きく「サッカー愛と末長いシスターフッドのために」と見出しが躍っていた。

反アパルトヘイト運動に参加した地元の活動家の生涯を称え、ズマ大統領(当時)も出席した式典のイベントとして行われた公開試合で、どうやらグラニーたちはプレーしたらしい。バケイグラ・バケイグラの紹介はささやかだったが、記事にはグラニーたちが来月マサチューセッツ州で開催されるサッカー大会に招待参加する、とも書かれていた。ベカはズマ大統領との面会を州政府に申し入れ、大統領に会ったときに抜け目なく「あなたに投票しましたよ。いま南アフリカ代表としてアメリカでの大会に出場するための旅費の寄付を募っています。そのためにあなたの支援が必要です」と訴えたのだという。

「すごい!」。感動のあまり、私は両手で頭をおさえて叫んだ。「ワクワクしちゃう!」

その日の午後までに、ニューヨーク・タイムズ紙の記事は相当の閲覧数を獲得した。ニューヨークとコネティカットから寄付したいという打診のメールが私のところに届き始めた。ベテランズ・カップの事務局から転送されてきたメールだ。

私はベカに記事を転送し、ニューヨーク・タイムズ紙が取り上げたことはとても大きな意味があり、反響はきっと大きいはずと伝えた。

「ありがとう、シスター」と彼女からすぐに返事がきた。「記事を読みました」

「ジーン、私はいま芸術文化省長官からの正式な承認を待っています。約束を反故にされたときだけお知らせしますね。金曜日にははっきりすると思います。そうしたら何をするべきか見えてくるはず。そちらで会いましょうね。来年はあなたたちが南アフリカにぜひいらしてください」

政府からの支援がまだどうなるかわからないとベカが疑っていることがはっきりし、私の興奮は少しさめた。

「おばあちゃんらしく、誇らしくキックする」と2週間後に報じたのはロサンゼルス・タイムズ紙だ。記事では「南アフリカの病気持ちの高齢女性たちが、半分冗談でサッカーを始めた。そうしたらいままでは元気に走り回ってボールを蹴っている。周囲の予想など土埃のなかに置き去りにして」。この記者はサッカー・グラニーズの本質をとらえている。

バケイグラ・バケイグラがサッカーを始めたばかりのころ、おばあさんたちがグラウンドでサッカーをしているのを見て、車を運転していた人たちが危うく衝突しそうになったという紹介されている逸話がおもしろい。

「おばあさんたちの動きはけっしてしなやかとはいえない。ぎごちなく見えることもある。それでもグラウンドで女性たちは、これまではめられていた枠を打ち破っている。おばあさんたるものこうすべきだ、ああすべきではないという世間の意見などはね飛ばし、貧困と窮乏に苦しめられる人生からも自由になっている」。記者はサッカー・グラニーズの魅力をちゃんと伝えている。

この女性たちは世界中の人々に刺激を与えてきた、と私はあらためて実感した。サッカーに興味がある人たちばかりではない。この記事によって、きっともっと寄付が集まるはずだ。

仲間を信じればきっとできる

初めてサッカー・グラニーズの動画を見て以来、私はベカの力強く、人の心を穏やかにする言動に魅了され、自分にできることで彼女の手助けをすることにワクワクしてきた。だがいま、大会が数週間先に迫ってきたところで、私は突然こわくなった。本当にできるのだろうか? 本当にサッカー・グラニーズをアメリカに招待して、試合ができるのか？　もっと本腰を入れて計画を具体的に進めなくてはならない。大会開催地のホテルにまだ部屋が取れるか？　もしホテルに部屋がなかったら、レキシントンから会場まで毎日グラニーたちを送迎するドライバーの手配はできるのか？　食事はどうしたらいい？グラニーたちはベジタリアンなのだろうか？

頭のなかがパニックを起こしそうになり、私は深呼吸した。落ち着け、自分。少なくとも私はひとりでこのプロジェクトを遂行しているわけではない。チームで取り組んでいるのだから、きっと大丈夫。

２０１０年6月14日、大会まであと4週間。大西洋を何百本ものメールが行き来してからはじめて、私はベカと電話で話した。彼女の声が聞けたことがただ嬉しい。今回の抗癌剤治療は完結したと聞いて私たちはほっとした。疲労感はあるけれど、日に日にエネルギーが増してくる感じがする、とベカはいった。渡航費用を抑えるために20人を超えない人数にしぼることを私たちは申し合わせ、ベカは渡航する人たちの名前とパスポート番号を「すぐに」知らせると約束した。カトリーヌと私はアメリカと南アフリカの両方で寄付をつのっている、と私はベカに話した。

「心配しないで」とベカは電話で最後にいった。「もうすぐ会えるからね、私のシスター」

2日ほどしてカトリーヌ、ヘザーと私はビールを飲みながらざっくばらんに話し合った。ビザの取得、寄付集め、航空便の手配、どれをとっても胃が痛くなる難題だ。カトリーヌの南アフリカ在住の友人は、アメリカのビザを取得するのにかかる期間は一般的に3ヵ月だといっているそうだ。経理担当の私は、これまで自分がやった寄付集めはガールスカウトでクッキーを売ったくらいしかないと打ち明け、救いの天使のようなベッツィからはスポンサーをつけることを打診されたものの、その提案をやんわり断ったら連絡が途絶えたと報告した。旅行代理店からは時期が悪すぎるといわれた。ワールドカップ開催のために航空運賃は1人2500ドルかかり、しかも確保できるのは2、3席しかないという。奇跡でも起こらないかぎり、チーム全員分の5万ドルを集めるのは不可能だ。

プロジェクト取りやめを決定する日を決めておこうか、という話も出たけれど、ベカやグラニーたちをがっかりさせるのはとても耐えられないと、すぐに引っ込めた。

大会が迫っても資金が足りない

2010年7月3日、大会開催まであと9日となった。ヘザーが詳細な予算と旅程を決定し、グラニーたちが滞在する1週間、送迎をしてくれるボランティアをレクスプレッサスのメンバーに依頼した。最初は時差ボケ解消のために大会初日の数日前にレキシントンに滞在してもらうことを考えていた。だが9日前の時点で、グラニーたちがこちらにやって来られたとしても、到着時に試合の準備を整えて、ローガン国際空港からまっすぐ試合会場まで駆けつける可能性が高くなった。

ベテランズ・カップ実行委員会からどれほど圧力がかかっても、ロイスは断固として大会用に確保したホテル5部屋のキャンセルを拒絶していた。私たちはロイスと一致団結して実現までがんばると決意をあらたにした。

土曜日の午後、私のもとに待ちに待った救世主ベッツィからの連絡があった。「こんにちは。いいニュースがあります。グラニーたちが飛び上がるほどのニュースよ」

彼女の会社がバケイグラ・バケイグラのアメリカ遠征に4万ドルを出すことを決めたという。

私は大声で歓声をあげながら家じゅうを駆け巡り、家族をダンスに引っ張り出した。

2010年7月6日、大会開催まであと6日。ベテランズ・カップはサッカー・グラニーたちがやって来ようが来まいが開催される。

数日前、ベカは数名のグラニーたちとともにプレトリアに行き、国際関係協力局からビザ申請の後押しをする書状を受け取り、うきうきしながら帰ってきた。相変わらず、ベカの信条となっている超楽観主義を貫くメールを私は受け取った。

やきもきしないでね。私たちはそちらに向かいます。もう不平をこぼさないことにしたの。健康に悪いから。いいたいのは、私たちが来週あなたたちと一緒にいるってことだけ。待っていて、アメリカ。私たちはそちらに行くから。

だが6日前となった今日、いつもの冷静な楽観的な姿勢は失われた。旅行代理店がビザ取得には旅行保険が必要だし、グラニーたちがそれぞれの村からヨハネスブルグまでビザの申請にやってくるための旅費も必要なので、すぐにお金を送ってほしいという。彼女の切羽詰まった様子に私の心は沈んだ。

その後すぐに立て続けに4通のメッセージが送られてきた。

私のシスター、旅行保険について私たちは支払えるお金がありません。ビザについては、私は3万2000南アフリカドルあります。ある企業から貸してもらいました。受け取り証があります。それをビザ取得費用に当てるつもりです。

助けてくださって本当に感謝しています。あなたががんばってくださっているのはわかっているのだけれど、みんな約束はしても、いざとなるとどこかに消えちゃうのよ。

5通目のこのメールにどういう返事をしようか、私はじっと考えた。5通目には最終的に参加する人たちの名簿が添付されていた。2人のコーチ、4人の「役員」と14人の選手たち、それぞれの名前とパスポート番号が記されている。姓、名とニックネームが混在していて、それらの並び順もまちまちだ。南アフリカでは異なる言語や風習に合わせてニックネームがころころ変わることがよくある、と私は聞かされた。使い勝手がいいからと誕生のときに英語の名前がつけられることもある。南アフリカにおける識字率を考えると、公式書類に一貫性を求めるのはばかげているだろう。しかし私は書類のなかで矛盾した情報が飛び交っていることが、事が進まないことの原因だと知った。だが、この期に及んで、なぜこうも遅れたかを云々しても意味がない。

カトリーヌはヨハネスブルグのアメリカ領事館に2時間おきに電話して、グラニーたちがビザを取得できたか、自分たちに何かできることはないかと問い合わせた。ながながと待たされた挙句、グラニーたちについて何も知らないといわれるばかりだ。アントンという名前のビザの発給担当者に電話をかけまくって、やっとつながったと思ったらもう帰ったといわれた。

ベカがしだいに気落ちしていくのを知って、カトリーヌはなんとか励まそうと「ビザ取得のためにどれくらいお金が必要なの?」と聞くと、「2000ドル。できればどうぞ助けて、シスター」といわれた。

私たちは窮地に追い込まれた。グラニーたちをアメリカに招待できなかった場合には、寄付してもらったお金は全額返すと寄付者たちにはいってある。はたして取得できるかどうかわからないビザの費用や、まだ確保できていない飛行機のチケット代に寄付金を回すことは、おそらく適切ではないだろう。プロジェクトは行き詰まった。

カトリーヌ、ヘザーと私は電話で3者会談をして、自分たちで2000ドルを負担することを決めた。プロジェクトを頓挫させないためには、私たちが自腹を切るしかない。「このプロジェクトにこれまでかけたエネルギーは、2000ドル以上に値する」と私は断言した。

ベカはグラニーたちをアメリカに連れてくるために、すでに相当に自腹を切っているはずだ、とカトリーヌは指摘した。この時点でベカを見捨てるのはまちがっている。「ベカはもう融資を受けたといっている。サッカー・グラニーズに5時間の旅でこちらに来てもらうことは、意義があるにちがいない。たとえ私たちが送金しても、失敗するかもしれない。でも人生にはリスクがつきものじゃない? 私は大胆にいきたいわ」

私たちはベカに2000ドルを送金した。

やれることはすべて徹底的にやる

その日に私が受けた電話で最高だったのは、ロサンゼルス・タイムズ紙を読んだというカナダ、カルガリー在住の高齢女性、イザベルからのあたたかい言葉だった。彼女は南アフリカに住んでいたことがあり、そのとき女性たちが喜びや悲しみを歌で表現することに感動したのだという。「南アフリカの女性たちと過ごす経験は、きっと生涯忘れられないほど大きな感動を与えてくれますよ」と彼女は私に約束してくれた。ベカがビザを取得したら教えて、すぐに2000ドルを送るから、とまでいってくれた。「あなたの夢を実現するときです」と彼女はいった。「カール・サンドバーグもいってるじゃないですか。まず夢を見ないと何も起こらないって」。私をもう一度奮い立たせるのに必要な一言だった。私はイザベルにしつこいほどお礼をいって、グラニーたちがアメリカにやってきたら写真を送ると約束した。

その日が終わるころ、ベカから簡潔なメッセージが届いた。

やれることはすべてやったわ、シスターたち。

そう、やれることはすべてやる、それしかない。

カトリーヌこそ、やれると思うことを徹底してやる人だ。グラニーたちがヨハネスブルグにあるアメリカ領事館にやって来ることになっていた日、彼女は午前3時に起きて領事館に電話をかけ、ビザの発給担当部署の部門長と話したいと食い下がった。彼女は部門長に、アメリカにやってこようという女性たちは世界中の女性たちのロールモデルであり、全米最大規模の成人のためのサッカー大会に招待参加することになっていて、スポンサーが救世主のように奇跡的にあらわれて寄付をしてくれた、ということを説明した。部門長は礼儀正しく耳を傾け、自分でできることは最大限やるけれど、ビザ申請者は提出書類をすべて揃えなくてはならないといった。領事館として省略を許すわけにはいかないのだ。

7、8時間後、カトリーヌはまた領事館に電話をかけた。ビザの発給担当部門長が出て言った。「ええ、グラニーたちはここにいらっしゃいましたよ。でも書類が揃っていなかったんです」。ベカとグラニーたちは領事館を追い出された。でもいいニュースもある。もし完全な書類が手元に届けば、明日4時間かけてビザ発行手続きをしましょう、と部門長が言ってくれたことだ。

ベカとグラニーたちは、いったんそれぞれの村に戻って翌早朝にまたヨハネスブルグの領事館まで戻ってくる余裕がなかったために、隙間風が入るヨハネスブルグの牧師館でひと晩を過ごした。ベカは床の上で眠り、寒さで健康状態が悪化した。電話の声を聞くと意気消沈しているように思われた。

その晩私も疲労困憊した。倒れ込むようにベッドにもぐりこんだが、寝つく直前にブブセラを2本注文した。試合のときにブブセラを吹けば、グラニーたちは南アフリカの地元で試合をしているように励まされるだろうから。私たちが必要としているよいカルマを、きっとブブセラが呼び込んでくれるはず。そう願った。

ついにビザ取得成功

午前2時にカトリーヌはその日最初の電話をヨハネスブルグの領事館にかけた。「いいえ、まだグラニーたちはいらしてません」と担当者はいった。カトリーヌは目覚ましをかけ直し、午前4時にまた電話した。グラニーたちはやってきたという。6時まで仮眠をとったカトリーヌは、領事館からのメールで目を覚ました。

チームの方々は申請書や写真なしにやってこられました。11時30分の時点でまだ申請書が完成していませんでした。私たちは午後1時30分に戻ってくるようにと伝えました。私どもは通常ビザ取得の面接を午後にはやらないのですけれど、特例として午後に面接を行います。面接もできるかぎりの配慮をするつもりでいます。

「私がそちらに駆けつけてお手伝いしたいです」。カトリーヌは返信した。「奇跡を起こしてと、あなたがたにお願いしていることはよくわかっています」

じりじりと待ち続けたカトリーヌは、ついに南アフリカ時間午後2時に領事館に電話した。「はい、グラニーたちは戻ってらっしゃいました。2名が書類作成を手伝ってくれています」。1時間後にカトリーヌは「いまグラニーたちの面接中です」といわれた。

カトリーヌは私とヘザーに「いい方向にいくことを祈っていて」とメールしてきた。つぎに電話をかけたとき、カトリーヌは領事館のスタッフにグラニーたちがちょうど帰ったところで、ビザ担当部門長が結果をそちらにお知らせします、といわれた。

部門長からのメールをカトリーヌはヘザーと私にすぐに転送してきた。

件名:ビザ19人取得!

私どもはこのグループのかたがたに力を貸そうとできるかぎりがんばりました。ビザの取得方法についての情報を提供し、何が必要なのかをそれぞれに長時間にわたって何回も説明しました。そして1人をのぞいて19人のかたがたのビザが月曜日に発給される運びとなりました。この情報がお役に立つことを願っています。

私は歓声をあげて椅子から飛び上がった。

すぐにベカから、いまリムポポの家に帰っているところだという報告があった。グラニーたちは疲れ果てているけれど、気分は高揚しているという。「もうすぐ会えるのね、友よ！」

さて、パスポートが揃い、ビザも取得できた。最後に残ったのは、航空機の手配だ。

すべての力を結集してグラニーたちを迎える

2010年7月9日、大会まであと3日。私が目覚めるまでに、航空チケットの手配について私たちが知る必要がある情報をベカはすべて送ってきていた。ベカがそれまでビザ取得に集中していたので、航空チケット代について心配をかけたくなくて、私たちは彼女にそれまで何も知らせていなかった。

ベッツィは提携している旅行代理店からチケット代が高騰して1人あたり4400ドルだとメールをもらっていた。その価格では9人分のチケットしか私たちは払えない。ベッツィは「申し訳ない」と謝って、こういってきた。「スポンサーはチーム全員の参加は確実ではないと考えています。諦めたくないのは山々ですが、来年再挑戦するのはどうでしょうか?　航空チケット代を払ってくれる人はほかにいないでしょうか?」

ウエストに太いバンジーロープが巻かれて突き落とされそうになる感じがした。5ヵ月にわたって私はあらゆる障害を乗り越えつつ必死に前を向いて走ってきたつもりだが、大会3日前になってこれまでより3倍高い障害物が目の前に立ちはだかっている。ゴールを目前にして、これまで走ってきた距離がすべて無駄になってしまうなんていやだ。

「私はまだ諦めないわよ」とカトリーヌは私を安心させた。その冷静さのおかげで、バンジーロープが抱っこ紐に変わった。「ニューヨークまで飛んだほうがチケットは安くなるんじゃないかしら?　本当にお手上げになるまで私は立ち止まらない」

カトリーヌの夫は毎週出張に出ていて、ほとんどすべての航空会社に顔が利き、多少の無理を聞いてもらえる。夫は海外出張から戻ってきたばかりでいま眠っているけれど、目が覚めたら南アフリカからの航空チケットがとれるかやってみる、とカトリーヌにいったそうだ。

「待っていて。あともう1時間眠らせてあげたら、コーヒーとラップトップを持って起こしに行くから」

12時少し前にカトリーヌが電話をかけてきた。「いまメール送ったから、見て頂戴！」声が弾んでいる。「19人分チケットが取れました！　合計4万2000ドル！」「やったわ！」とカトリーヌはベッツィ、ヘザー、ロイスと私にメールを送った。「7月14日の午前11時から午後4時の間に到着予定よ」。大会初日には間に合わないけれど、そのかわり私たちに対処可能な価格でチケット代がおさえられた。「信じれば奇跡は起こるのよ」

すぐにロイスはベテランズ・カップの実行委員会にはかって、65歳以上の女子チームの試合日程をグラニーたちの旅程にあわせて組み直してもらっただけでなく、大会主催者がグラニーたちのホテル代を負担するという約束を取りつけた。

ついに関係者すべての力が結集した。

嬉しくて家じゅうを2時間駆け回り、何も手につかないとわかった私は走りに出かけた。レキシントンの通りという通りをめぐって「グラニーたちがやってくる！　グラニーたちがやってくるのよ！」と告げて回りたい気分だった。

ベテランズ・カップ開幕

２０１０年7月11日、大会の開会式当日。日中は気温摂氏30度を超えたが、カトリーヌと私がランカスターのサッカー場に到着した夕方には涼しくなっていた。

数百人の参加者たちがにぎやかに挨拶とハグをかわすなかに、私たちも交じった。開会式のホストをつとめるロイスは、私を大会委員長のティムに紹介した。ティムは上品な紳士で、満面の笑顔だった。ロイスは「２０１０年ベテランズ・カップにようこそ」と書かれたバナーがかかった小さなステージに立つと、片手でマイクを持って叫んだ。「さあ、試合を始めましょう!」

ロイスの指示で、チームはそれぞれ集まって列を組んで入場行進した。65歳以上のカテゴリーに参加する日本の男子チームは、熱烈に国旗を振っている。まるでミニ・オリンピックみたいだ。ホストのマサチューセッツ州のチームが民兵の衣装を着て小さな横笛と小太鼓を演奏する楽隊を先頭に、30代から65歳以上のカテゴリー別に参加するチームが行進した。カトリーヌと私はグラニーたちの代理として並び、南アフリカの国旗を掲げた。ふたりとも代理だとわかりつつも、誇らしくて胸が高鳴った。

「22の州の代表チームと海外から日本のチームを迎えました」とロイスは開幕の挨拶で参

加者に伝えた。「そして今回、南アフリカからバケイグラ・バケイグラを迎えます。いまこちらに向かう機上におられます」。参加者たちは大きな歓迎の声をあげ、ロイスのチームメイトの何名かが、グラニーたちのための最後の寄付集めのために黒い帽子を手に参加者たちの間を回った。

委員長のティムがロイスにマイクを向けた。「ひとつ付け加えたい。今年南アフリカで、アフリカ大陸で初めてＦＩＦＡサッカーワールドカップが開催されました。その年に私たちがホストとなるこの大会に、南アフリカから選手を迎えることはまことにふさわしい。サッカーはこの地球の普遍的な言語だと私は信じています。サッカー以外に人類をひとつにまとめるものはほとんどありません」

熱狂して拍手する人々のなかで、私はあふれる涙をぬぐった。

Part TWO
試合に挑む

事はなされるまで、
そんなことは不可能だと思われるものだ。

――ネルソン・マンデラ

第7章 サッカー愛がつなげた絆

知ってるかしら、当時黒人女性は人間だとは思われていなかったのよ。
——マコメ・セリーナ・マトワラネ（サッカー・グラニーズのひとり）

ついにグラニーたちがやってきた

ボストンの玄関口であるローガン国際空港のターミナルEは、いつもは大勢の海外旅行者が冷蔵庫ほどもある大きなスーツケースを手に右往左往して混雑している。だが今日は静かだった。レクスプレッサスの一団は手作りのサインボードを持って待ち構えていた。到着便のボードを何度となく確かめ、入国審査の列はどれくらい長いのだろうか、手荷物を無事受け取れているだろうかと気をもんだ。

ついに到着口のドアが開き、黄色のスカーフを頭に巻いて、紺色のトラックスーツの上にレザージャケットをはおった大柄な黒人女性がひとり出てきた。彼女はためらいがちに数歩進んであたりを見回した。すぐに南アフリカの国旗を頭に巻いた女性と、そのあとからもうひとり出てきた。

「ようこそ、グラニーズ!」。レクスプレッサスのひとりが大声で叫んだのを皮切りに、「ようこそ、バケイグラ・バケイグラ!」と私たちは全員で声をそろえて歓迎した。「歓迎、バケイグラ・バケイグラ!」と書いたサインボードを掲げ、南アフリカの国旗を振った。国旗の黄、赤、青、黒と白は南アフリカの自然と、歩んできた歴史を表わしている。

つぎつぎと到着口からグラニーたちが姿を現した。全員黄色のスカーフをまき、白いポロシャツと紺色のトラックスーツを着ている。

スポンサーの企業が雇った南アフリカ人の写真家、テッサがグラニーたちの姿を撮影した。ひとりの女性がブブセラをバックパックから取り出して、高らかに吹き鳴らした。空港の空気が切り裂かれる。私もネットで購入した自分のブブセラを取り出したが、まだ十分に吹き鳴らすことができないので振り回すだけにとどめた。あとでグラニーたちに教えてもらわなくては。

グラニーたちは満面の笑顔だ。動画で見たことがある顔が何人かいた。生身のグラニーたちを目の前にして私は感無量だ。やっと実物に会えた！　ベカを見つけた。ほかのみんなとおそろいのトラックスーツを着て肩から小さなバッグをぶらさげている。手を後ろに回して黙って立っていた。数ヵ月にわたってメールをやりとりしてきた人物を目の前にして、私は思わず息をのんだ。ひとりのグラニーが、お世辞にもきれいとはいえない空港の床に敷物を広げているのをベカは眺めていた。数人のグラニーが敷物の上に横向きに寝て、ほかのグラニーたちは敷物の隣にひざまずいた。そして全員が手を叩いて、舌をふるわせ、ひざまずいている人たちはひれ伏した。

テッサが私の耳元で「感謝をあらわしているのですよ」とささやき、私たちの前で繰り広げられているグラニーたちの様子を間近で写真におさめた。それは敬意を表する動作にちがいないと思った私は、グラニーたちがやってきたことにあらためて深く感謝した。同時に困惑した。感謝することには慣れていても、感謝される側に立つことに私は慣れていない。

グラニーたちがゆっくりと立ち上がると、カトリーヌは私たちを並ばせて、ひとりずつ握手とハグでグラニーたちと挨拶を交わして歓迎を表した。何人かのグラニーが首にぶら下げているビーズのポーチに私は目を奪われた。ひとりのグラニーの手には『すばらしき南アフリカ』という本があった。

「お目にかかれてとてもうれしい」とカトリーヌはベカを抱きしめていった。

「ジーンです！」と舞い上がった私もふるえる声でベカに挨拶した。「やっとお目にかかることができて感激です。スターに会ったみたいな気持ちです」

ひとりのグラニーの右足には白い包帯が巻かれていた。「いやだ！ もう怪我しているの？」とレクスプレッサスのメンバーのひとり、アリソンがめざとく見つけて指摘すると、若く見える彼女は、家を出るときに石につまずいて足の指を折ったのだと流暢な英語で説明した。私たち全員が同情の声をあげると「心配しないで。ゴールを決めるつもりだから！」と答えた。「そうね。私たちも怪我したときに、ゴールするものね」とアリソンは励ました。

グラニーたちに付き添ってきた男性ふたりは、背後で私たちの様子を眺めていた。私はふたりに自己紹介し、デビッドとロメオというコーチの男性たちにも歓迎の挨拶をした。

ヘザーが私のところにきて「みんな疲れているに違いないわ。車を出口に横づけしましょう」。車を持ってくる間に、グラニーたちをトイレに案内した。

外に出たベカは「なんて暖かいの！」と感動した口調でいった。リムポポはいま冬で、凍えるほどの寒さでとても乾燥しているそうだ。ボストンが冬のときでなくてよかった。

私はベカがおなかに手を当てて、かすかに苦しそうな表情を見せたのに気づいて「座りましょうか」とベンチに腰かけさせた。レクスプレッサスのメンバーたちはほかのグラニーたちがはぐれたりしないように、見張るのにも忙しい。

カトリーヌとアリソンがバンを運転してやってきた。2台のバンにチーム全員と荷物を積み込み、1時間のドライブで宿泊先まで移動する。ボストン市内に通じるキャラハン・トンネルに入ったところで、ベカがかなり強い口調できっぱりといった。「トロフィー、それも大きなトロフィーなしに南アフリカには帰れない！」。怒っている口調だ。南アフリカ政府は航空運賃を負担すると約束していたのに、ぎりぎりになって約束を反古にした。グラニーたちが政府の助けなしに、どれだけのことを成し遂げたかをみんなに見せたい、とベカは考えている。

チームが本格的に活動するようになってわずか2年であることを考えると、大会でトロフィーを獲得できるほどの成績をおさめることはむずかしいのではないか、と私は思った。だがベカを空手で南アフリカに帰すわけにはいかない。なんとかしなければ。

車内ではにぎやかなおしゃべりが止まらなかった。ツォンガ語が私の耳に心地よく響く。ボストン市内を抜けて郊外に入ると、グラニーたちは緑の丘の連なりに歓声をあげた。私が動画で見たグラニーたちが暮らす地域は、低木がまばらに生えているだけの乾燥した土漠が広がる地だ。マサチューセッツ州の森林は彼女たちにとって故郷とは対照的な風景なのだろう。

「グラニーたちは木には蛇がいるのかと知りたがっている。あと猿はいるのって」。ベカが通訳する。「猿はいないけれど、たぶん蛇はいると思う」と私は答えた。

ドライブの途中に車内が少し静かになったと思ったら、グラニーたちは眠っていた。ランカスターのホテルに到着したのは午後の遅い時間で、ヨハネスブルグでは深夜だ。車を降りると、もう一台のバンを運転していたアリソンが、若い男性が驚いていたといった。「南アフリカで女性が車を運転しているのを見たことがないんですって。アメリカではほとんどの女性たちは車の運転を習うと教えたのよ。そしたら、あなたは運転がかなりうまいですね、だって」

ホテルにチェックインして、ベカとカトリーヌは部屋を割り当てた。4人の男性は一部屋に入る。何人かのグラニーたちが廊下でケンカを始めた。部屋割りが気に入らないのだろうか？　それとも疲れて不機嫌になっているだけか。ベカは厳しい口調で彼女たちを諫めた。英語を話すベアトリスが私にこっそりと、ベカがグラニーたちを叱っていると教えてくれた。「ここはホテルでほかにお客さんがいるのだから、静かにしなくちゃだめでしょ」とたしなめていたそうだ。

荷ほどきをするグラニーたちの部屋を、カトリーヌと私はベアトリスとともにまわって、照明のつけ方や洗面所の使い方、エアコンの調整の仕方を教えるとともに、ホテルのスタッフが親切にもコピーして各部屋に配ってくれていた大会スケジュールについて説明した。グラニーたちからは薬を冷蔵庫に入れてもいいかとか、無事着いたと家族に電話をしたい、という質問や要望が出た。一段落したところでまたロビーに集まってもらい、あつあつのピザとサラダの食事を出した。グラニーたちは列を作って食事と飲み物をセルフサービスでとっていったが、男性たちは列を無視して割り込んだ。全員が食べ物とともに席についたところで、グラニーたちは短い食前の祈りを唱えた。

ヨハネスブルグ時間で深夜を過ぎたころにシンプルな食事が終わった。疲労の色を濃くにじませて部屋に戻っていくグラニーたちに、もし何か困ったことがあったら私は下の階に泊まるからいつでも電話してちょうだい、と伝えた。

まだ夜8時で、就寝するには早すぎる。それに興奮して寝つけそうにない。ベッドに座って、テッサが送ってくれたグラニーたちの写真をスクロールしながら見ていった。メディアから何件か写真提供の依頼があったそうだ。トロフィーが必要だというベカの話を聞いたヘザーは、さっそくトロフィーを発注してから入手できるまでどれくらい時間が必要かを調べている。そうこうしているうちに夜もふけてきたので、電灯を消してベッドに入った。

アパルトヘイトが奪った居住と移動の自由

それでも目が冴えて眠りが訪れない。南アフリカの女性たちがアメリカにやって来るなんて、民主化される以前にはありえないことだった、いや、いまだって信じられない、と私は思った。南アフリカでアパルトヘイトが撤廃されて、初めての総選挙が行われ、南アフリカ共和国に民主政権が誕生したのは1994年、たった16年前のことだ。

アパルトヘイトは「不適切な」とか、「とんでもない」とかそんな表現では片づけられない最悪の人種隔離政策だった。それを法律で定めていた南アフリカでは、白人と黒人(肌の色が薄茶色、茶色、クリーム色、真っ黒、赤茶色などが全部含まれる)がハグをしたり、一緒に食事をしたり、友情を育んだりなど、ありえないことだった。何世代にもわたって、白人と黒人は社会制度として分離されてきた。法律が撤廃されたとはいえ、アパルトヘイトが現在の南アフリカ社会にどのような傷を残しているかを部外者の私が理解するのはむずかしい。グラニーたちはこんなに大勢の白人たちに囲まれて居心地が悪いのではないか。いや、苦痛かもしれない。彼女たちがどれほどの差別に耐えてきたのかを私はほとんどわかってないし、本から得た知識でしかない。

空港でグラニーたちが到着口から出てくるのを待っている間、アパルトヘイトが施行されている期間に、南アフリカで白人として暮らした生活はどのようなものだったかをテッサに聞いた。微妙な話題だとは重々承知の上だったが、どうしても知りたいと勇気をふるった。

テッサはヨハネスブルグで生まれ、10代をケープタウンで過ごしたそうだ。テッサは白人家庭というマイノリティのエリート階級で育ったが、両親は政府が何をしているかをよく知るようにと娘にうながした。

「母は私が幼いときから、アパルトヘイトによる社会の不公平な現実にふれさせました」とテッサはいう。「1週間に1回、母はボランティアで農場にある私設学校で裁縫を教えていました。私が8歳になったときから、そこに私を連れていきました」。テッサは黒人の子どもたちが凍えそうに寒い時期にも裸足で登校してくるのを見た。子どもたちが一日中、何も食べられずにおなかをすかせたまま座っていることもある、と母は話した、「私が通っている学校と、黒人の子どもたちの学校とのちがいを、私が自分の目で見てほしいと母は思っていました。私は大きな衝撃を受けました。あの経験が私の人生を根本から変えました」

アパルトヘイトは国家がとった人種を「分離」させるための政策で、南アフリカでは１９９４年まで黒人と白人は法律によって分離されて生活をしていた。植民地主義と奴隷制度を土台にしたその政策は、独裁主義者のヘンドリック・フルウールトと彼の属する国民党が、「白い南アフリカ」を樹立するという名目で、１９４８年に法律として成文化した。国民を人種によって厳格に分離しようとしたフルウールトは、「アパルトヘイトの建築家」と呼ばれる。１９５０年代から１９６０年代はじめまで、南アフリカ政府は非白人種を部族ごとに分けて、不毛な土地に強制的に移住させ、テリトリーと呼ばれる居住地に囲い込んだ。黒人を部族ごとの小グループに切り離しておけば、マイノリティである白人が定めた過酷な制度に対して蜂起や抵抗運動が起こりにくいだろうとフルウールトは考えたわけだ。

50年にわたって南アフリカでは、白人雇用者が必要としない限り、黒人が定められた居住地から出てくることは厳しく禁じられていた。１９７１年に実施された「バントゥー・ホームランド市民権法」という法律によって、大半の南アフリカの黒人は「ホームランド」と名づけられた、荒廃した地域にある村や工業用地に追いやられた。

この社会制度は当然ながら現実をまったく無視したばかげたものだった。アパルトヘイトが導入された１９４８年まで、多くの南アフリカ人は都市で生活しており、さまざまな民族が混じり合って家族を形成していた。両親が黒人と白人という子どもも多かった。政府が発行する身分証明書は黒人／白人で分けられてはいたが、生活の場で黒人と白人が分離して生活することはなかったのだ。

国の民族を純化したいという「夢」に熱病のように取り憑かれた政府が実施したアパルトヘイト政策は、人々の生活に大惨事を引き起こした。「黒人」と決めつけられただけで、50万人もの南アフリカ人が遠方に無理やり移住させられて、「テリトリー《黒人居住区》」内に隔離された。肌の色は恣意的に判断されたために、しばしばひとつの家族が別々の場所に住むことになった。その判断は、鉛筆を髪のなかに挿したときに動かなければ黒人、動かせたら「カラード（有色人種）」、簡単に抜けたら「白人」というものだった。荷造りするひまさえもほとんど与えられず、警察が部族ごとに分けた「ホームランド」と呼ばれる「自治」地域に非白人たちを引っ立てていった。「ホームランド」であてがわれたのはプレハブの集合住宅で、家族が一室に暮らし、食糧はとうもろこしの配給のみ。南アフリカの大半の人々はそうやって国家によって貧困へと追いやられた。

教育を受ける機会さえも奪われた

荒れた土地に作られたホームランドに囲い込まれたあと、黒人たちは貧困から抜け出すための唯一の手段であるはずの教育を受ける機会さえも奪われた。フルウールトは1953年に「バントゥー教育法」を可決制定し、すべての学校を人種によって分けた。新しい教育システムにおいて、黒人は恣意的に劣ったものとして扱われた。読み書きは教えられたが、それは肉体労働者としてよりよく働かせるためのものだった。土地も財産も取り上げられた人々に、あらたな雇用機会を与えたかもしれない数学と科学を学ぶことは禁じられた。

アパルトヘイトの法律制定下では、物理的な移動にも制限がつけられた。南アフリカの黒人たちは定められた居住区や都市内の決められた場所の外に出るときには通行証の提示が求められた。通行証は白人が必要としている仕事をするときだけ発行された。通行証なしには仕事探しをすることもできなかった。白人から発行された資格認定書を所持していないという理由で、警察は人々を逮捕し脅した。白人と黒人は列車の車両も別々で、浜辺も分けられた。警官は銃を携帯してパトロールし、力ずくで法律に従わせた。

反乱をより強く押さえ込むために、政府は国家非常事態宣言を発令した。それにより自由に集会が開くことが制限され、厳格な外出禁止令が出され、人身保護条例が一時停止された。「面倒を引き起こす可能性がある」とみなされただけで片端から拘束され、起訴も裁判も釈放の保証もなしに刑務所に送りこまれた。拘束者の名前を公表することは禁止され、警察によって亡くなった人たちの葬儀にも制限がつき、葬儀に参列すれば脅された。

テッサは若かったときそんなおぞましい歴史を目撃してきた。国家によって保護され恩恵を受けている南アフリカ人は誰でも、国家に迫害されている人たちのために、正義の名のもとに声をあげて行動を起こすことが義務であると考えていた。彼女は反アパルトヘイトの学生組織に参加し、草の根の抵抗運動に参加していた。「学生時代には数えきれないほどデモに参加しました。夫は反アパルトヘイトの若手活動家として有名でした」

アフリカ民族会議という南アフリカの社会民主主義政党は、何十年にもわたって危険をおかして南アフリカの黒人の自由と命を守るための闘争を繰り広げていた。アパルトヘイトによって自由が奪われると、アフリカ民族会議は1951年12月から多くの民族とともに、デモ、ボイコット、ストライキと市民的不服従という行動によって、不公平な制度に立ち向かう「反抗キャンペーン」を始めた。1976年、ソウェトの黒人学校の子どもたちが教育の制限を定めた法律に対して抗議行動として行ったデモに警察が発砲し、多くの子どもたちが亡くなった。その事件のとき、テッサと夫は警察の残虐行為を現場で目撃した。

この事件によって、テッサ夫婦は心が打ち砕かれた。状況はとても耐えられるものではなくなった。「非常に苦しい決断でしたが、私たちは荷造りして別の国に逃げたのです」。教育を受けた大勢の白人たちが、南アフリカを出てオーストラリア、英国や米国といった民主主義国家に移住した。「私たちは米国を選びました」。愛する祖国を自分の意志で出たテッサは、遠方から国を支える道を探した。

民主化後も苦難は続く

何十年にもわたったアパルトヘイト体制は、1990年の年明けからついにほころび始めた。この年の2月11日、アフリカ民族会議の一員として反アパルトヘイト活動を行ったことにより、27年間離島の刑務所に収容されていたネルソン・マンデラが釈放された。そのわずか4ヵ月後、マンデラは米国を訪問した。テッサはボストンで彼を歓迎する行事を手伝った。

南アフリカ政府は国際社会からの圧力と国内の暴動が激しさを増していくことに苦しんでいた。不隠な事態を察知した政府は、アパルトヘイトを終了させることを検討するようになり、マンデラとアフリカ民族会議と話し合った。1994年、南アフリカで初めて民主的な自由選挙が行われ、ついにあらゆる人種の市民が投票できるようになった。テッサは不在者投票を組織するのを手伝い、ボストン地域で暮らす南アフリカ国外居住者たちがマサチューセッツ州議会議事堂で投票できるよう尽力した。「私たちは国旗を掲げ、南アフリカの国歌を議事堂の階段で歌いました」と彼女は私に話した。「アフリカ民族会議のシンボルカラーである緑、黄と黒の服を着て、黄色い花の花束を持ちました」

この歴史的な選挙で、アフリカ民族会議は国民議会で過半数の議席を獲得し、マンデラが大統領となった。刑務所にのべ30年間収監され、解放されて国家のトップになるまでは長い道のりだった。人種的、性的な差別がない新しい未来をつくるために、南アフリカは世界でもっとも進歩的な法体系のもとに、新しい憲法の制定に取り組んだ。

しかし何世代にもわたって組織的に人種を分離し、独裁的な圧政を敷いてきた南アフリカをひとつにまとめることは困難をきわめた。アパルトヘイトを制度化してきた前政権は、経済的・社会的に不公平を強いられた市民のために公共インフラを整えることを、意図的に妨害した。あらゆることがマイナスからのスタートだった。「アパルトヘイトは制度としては過去のものになりましたが、制度が残した傷は社会に複雑にひびを入れ、現在にいたっても社会問題となっています」とテッサはいう。傷が癒えるまでには何世代にもわたる時間が必要だろう。

テッサはいま南アフリカとアメリカを行き来しながら、故国の再建に力を注いでいる。「失業、ホームレスと飢餓の問題の解決のために、より力をつくし草の根レベルから闘っていきたいと思っています」。南アフリカの白人は誰もが、白人というだけで得ている特権に対する責任がある、とテッサは考える。「私は故国の成長に貢献したいのです」

テッサから話を聞く前、またベカやグラニーたちのことを知る前の私は、アパルトヘイトの本当の恐ろしさがわかっていなかった。だがいま、グラニーたちの姿を目にし、その名前を呼び、手を握り、声を聞いて、アパルトヘイトに虐げられた人々の苦しみが実感できる。胸が苦しい。なんとか眠ろうとしたけれど、目は冴えるばかりだった。

グラニーたちの軌跡

Granny Rossina

＊

グラニー・ロッシーナ

ブッシュで何が起きているかといえば……

マカ・ロッシーナ・マトゥへ、通称ロッシーナは1941年生まれで、インタビューした2021年に80歳を迎えた。だがとてもその歳とは思えないほど若々しい。たぶんバケイグラ・バケイグラに入ってスポーツに親しんでいるからだろう。または自宅で栽培している新鮮この上ない果物や野菜を子どものころから食べてきたおかげかもしれない。それとも正しい道を歩もうと心がけてきたからだろうか。「私はまちがったことをしないように育てられました。ふらふら遊びまわるのではなく、ちゃんと家にいました。両親のために家の仕事を手伝い、何事も誠実にやりました。親が喜ぶいい子に育ったことが私の誇りです」とロッシーナはいう。

ロッシーナはリムポポ州にあるサウトパンスベルグ山のふもとにある村で育った。18世紀初頭にヴェンダ語を話す部族が住み着き、19世紀に部族の長がオランダ語を話す白人の入植者にその青々とした豊かな土地を渡した。やがて白人の調査隊隊長の名前にちなんでルイス・トリバートと名づけられた町ができた。バナナ、マンゴー、アボカド、ナッツ、お茶やコーヒーを産出する豊かな土地だった。1948年、ロッシーナが7歳のときにアパルトヘイトが制定され、人種ごとに生活区域を分離することが定められたが、町ではそれまでと変わらず白人の地主のもとで黒人が労働者として働き、黒人と白人は入り混じって暮らしていた。ロッシーナの父のようなその日暮らしの黒人労働者でも、賃労働を求めてヨハネスブルグに集団移住する必要がなかった。

父は一家を支えるためにいくつもの仕事をかけもちして働いた。「父は白人に雇われてコックや車の修理工をやっていました」とロッシーナは当時を振り返る。そのころ南アフリカの年金制度は世界のほかの国と比較すると遅れていて、しかも制度は白人の貧困層を支援するためにあった。それにより黒人の大半は高齢になっても働き続けなければならなかった。「母と結婚したときにもう働いていましたし、歳を取ってもまだ働いていました」。母の労働はもっぱら家事育児と自宅敷地内での農業だった。

収穫時期になるとロッシーナは、とうもろこしの粒をとってすりつぶし、とうもろこし粉にする仕事を手伝った。とうもろこし粉を溶いてクリーム状にしたパップという粥状の主食は栄養価が高く、1年を通して一家の主食だった。ほかにも女の子たちと一緒に近隣の山で薪を集めたり、新鮮なライチーをとってきたりした。山歩きの時間は、ロッシーナたちにとって貴重な楽しい自由時間だった。

女の子の友だちのなかには、いかにももっともらしい顔をして嘘を話す子どももがいた。そんな子をロッシーナは「家に帰ってそんな嘘をけっして話しちゃいけない」とたしなめた。女の子たちの間には、たとえ喧嘩をしても家に帰って親に告げ口をしないという暗黙の了解があった。「私たちがいつも唱える合言葉がありました。ブッシュで起きたことは、ブッシュのなかに置いておく。私たちはそう決めていました」

だが町では、ロッシーナの正義感あふれる生真面目な性格はしばしばトラブルを招いた。朝、学校をサボっている男の子たちが、登校してくる子どもたちを待ち伏せして襲ってくることがよくあった。

「男の子たちが私たちを殴ってくるので、学校に行けなくなることがよくありました。私たちと不登校の男の子たちはよく激しく喧嘩をしました。私は人を叩いたりするタイプではないし、喧嘩は嫌いです。喧嘩をしかけたりはしなかったけれど、否応なく引きずり込まれてしまうと断固として闘いました。私も男の子たちを殴りましたよ。男の子と向き合うと、私のなかで叫ぶ声がするんです。殴っちまえって」

そのときロッシーナの頭のなかで、当時の「殴っちまえ」という声がしたのだろう。拳を握って手を振り上げ、そしてにやりと笑った。「私たちはそんな感じで大きくなりました」。正しい道を歩もうと心していても、誰かからやられたらやり返す。

日曜日になるとロッシーナと家族はペンテコステ派聖教会で礼拝し、彼女は日曜学校に参加して、やがて彼女自身が教えるようになった。ところがカトリック系の学校での学習は、12歳のときに突如終わった。父が足を骨折して働けなくなり、彼女が代わりに家計を支えるために働かなくてはならなくなったからだ。

黒人女性の仕事は当時、白人たちの家での家事労働しかなかった。最初に見つけた仕事は生後8ヵ月の赤ん坊の世話だった。だがうまくいかなかった。「私が赤ちゃんを抱き上げると、赤ちゃんは泣き喚くんです。人見知りしているのはあきらかだったから、お母さんに赤ちゃんを渡すとピタッと泣き止みました。お母さんがまた私に赤ちゃんを渡すと、赤ちゃんはまた泣き始めるから私はお母さんに返して、赤ちゃんはまた静かになる。3回目に赤ちゃんをお母さんに返すと、お母さんは指で私の胸を突いて、『あんたら汚いウスノロ黒人たちは私たちの赤ちゃんのことがまったくわかってない』と怒鳴りました」

人種差別が露骨なその発言に、ロッシーナは頬を叩かれたようなショックを受けた。その女性が怒りをあらわに彼女の胸を指で突いて、黒人をののしる人種差別の言葉を繰り返している間、ロッシーナはその場に立ち尽くすばかりだった。だが、「正しい道を歩むと心しても、誰かからやられたらやり返す」という自分の信条を思い出した。もう耐えられないところまで我慢したロッシーナは、ついにその女性の長い髪をつかんで、壁に押しつけた。

黒人を侮蔑する言葉は、反ヘイトスピーチ法の施行以後は取り締まりの対象となっているが、1950年代にはたとえ自衛のためであっても、白人に歯向かう黒人の子どもに同情の余地はなかった。女性は大声で助けを求め、警察を呼ぶために電話に飛びついた。自分が窮地に立たされたことがわかったロッシーナは逃げた。「家の外に出て、柵を飛び越え牧師館まで逃げました」

警察がいなくなって、怒り狂った白人家族が自分を探し回るのを諦め、騒動がおさまるまで、ロッシーナは牧師館に隠れていた。「3日間、私はじっと隠れていました」。ようやく安全と思えたところで、彼女は隠れ家から出た。

無事に実家まで帰り着いたロッシーナは、すぐに新しい勤め先を探すと決めた。まもなく医師の診療所に働き口を見つけた。黒人の自分がどう扱われるか不安だったが、働きぶりが認められてロッシーナはほっと安堵した。「診療所の白人たちは私のことがたいそう気に入ったので、そこで働くのは楽しかったですよ」

仕事ぶりが秀でていたことで、やがて南アフリカ各地に出張する家族に同伴するまでになった。「本当に長い時間働きましたよ」。優秀でよく働き、雇用主から愛されたロッシーナは、家族の一員にならないかといわれて驚いた。「私を買いたいといわれたんです」

ロッシーナは当時を振り返って暗い表情になった。「アパルトヘイト下での黒人の人生は過酷でした。黒人は誰もが厳しい時代を生きていました」

アパルトヘイトの社会でロッシーナは成人し、黒人をめぐる状況が改善するなどありえないと思っていた。診療所の一家を彼女は心から愛していたし、自分を「買う」というのは、家族の一員として生涯面倒を見て安全に過ごせるようにすることを意味しているとわかっていた。その提案は、彼女が大事に思っている人たちのもとでの一定の収入と安定した雇用を約束している。それにもかかわらず、ロッシーナはその申し出を受け入れることに躊躇した。「結局、断ったんです」

教会で礼拝にあずかることが彼女のなぐさめであり、子どものころから教会の導きに従ってきた。21歳になり、成人として生きていくうえでさまざまな困難に出会うようになると、ロッシーナは教会で心の平安を見出すようになった。

美しく、真正直なロッシーナに、同じ教会に通う男性が目をとめ、一緒に未来を築きたいと思い始めた。だがおそらく、ロッシーナのことを内気で生真面目な女の子だと思ったからだろう。教会の牧師に口利きを頼んだ。「その男性は牧師を通して、私への好意を伝えたんです」とロッシーナは振り返る。「自分の口で直接伝えるのが怖かったんでしょう。私がおかたいレディだと思ったから」。そういってロッシーナは大声で笑った。「牧師の家族が私を家によんで、感じよくていねいにその男性の妻になることを頼んだんです」

そこでロッシーナは自分の家族にプロポーズのことを相談した。「父に私と結婚したい人がいると伝えたら、父から最初にいわれたのは『娘よ、おまえと結婚したいという男性の家族について知っているのか？』ということでした」

その男性の家族は彼女の実家から40キロ離れたところに住んでいるので、会ったことがなかった。でも彼女は牧師の家族を尊敬していたので、気持ちよくプロポーズを承諾することにした。

当時の慣習で、ロッシーナは結婚式が終わったあとに夫の家で彼の家族とともに暮らすことになった。新婚のときから舅姑たちと生活をともにすることは、若い女性にとって楽なことではない。しかも新しい家族は彼女が田舎でつましい生活を送ってきたことを理由に、何かと見下した。「彼の家族は全員がやっかいな人たちでした。年長の家族は黒人居住区出身の女性をいやがりました」

しばらくして彼女と夫は自分たちの家で暮らすことができるようになり、関係はうまくいって6人の子どもにめぐまれた。「よい家族でした。お金はなくて貧しかったけれど、でもいい家庭を築いたと自信を持っていえます」。自分が育てられたように、子どもたちを育てた。つまり正しい道を歩ませようとした。「私は厳格な母親で、子どもが正しい道から外れたことをしたらすぐに鞭打ちの罰を与えました」

厳しい母親ではあったが、彼女は子どもたちを溺愛した。だから娘のひとりが1歳で亡くなったときには、どん底に突き落とされたように感じた。「落ち込んでいる間は誰とも話をする気にならず、沈黙を通しました。話す気になるまで、何も話さなかった。人にせかされて何かいわなくちゃいけないと思わされるのがいやだった。沈黙を通すことで、なんとか平静でいられました」。赤ちゃんが亡くなってから2ヵ月間、ロッシーナは悲しみのどん底に落ちて病気になった。心の苦しみがからだにもあらわれた。「赤ちゃんが私に抱かれて死んでしまったような気持ちでした」

2015年にもロッシーナは子どもを失った。思いもかけなかった死で、彼女はもっとひどく苦しんだ。別の町で教師をしていた一番年長の息子が、ある日ロッシーナに電話をかけて会いに来てほしいと頼んだ。「私が息子のところに行くと、しばらくここにいて家事をしてほしいと彼がいうんです。だから私はそうしました」。息子の様子が何か変だとロッシーナは気づいた。病気がちでしだいに体力がなくなっていくみたいなのだ。「息子は大丈夫ではない。健康状態がよくないにちがいない、と思いました」。何の病気かはわからなかったけれど、しだいに弱っていく息子のそばを決して離れず看病し、家族の面倒をみた。それでも息子はどんどん弱っていった。そして息子は亡くなった。「息子の死はとても受け入れられるものではありませんでした」

ふたたびロッシーナは教会を頼った。教区の長老に自分の苦しみを話し、底知れないほどの悲しみをどうすればいいかと精神科医の診察を受けた。「時間がたっても、ときどき私は立ち上がれないほどの苦しみを味わうことがあります」

それからの年月で、ロッシーナは家族によって喜びを味わい、なぐさめを得た。「びっくりするんですけれどね、私は孫が10人もいるんですよ」。2人は亡くなった息子の子どもたちで、彼らが大学を卒業するまで引き取って面倒を見た。両親が面倒を見なくなった孫娘を育てていたこともある。彼女が胸を張って自慢するのは、10人の孫たち全員が働いているか学校に通っていることだ。

いま彼女はンコワンコワの元黒人居住区で孫娘のひとりと暮らしている。生まれ育った町から160キロも離れたところだ。年齢を重ねるにしたがって、ロッシーナの人柄は穏やかになっていった。「孫たちは皆、お互いを大事にしています。祖母として孫とこんなになかよくできるなんて。関係はとてもいい。言葉にはできないほど幸せです」

教会はいまも彼女の心の支えだ。ンコワンコワにある「希望の教会」の熱心な信者だ。「祈るのはとてもいいことですよ」。教会は彼女にめざすところと希望を示してくれる。「牧師さんのお説教を理解して、ありがたいと思うことがたいせつです。いま飢えていたとしても、神の言葉を信じていれば、誰かが食べるものを買うお金を恵んでくれる幸運が訪れるかもしれません。それが神の恵みです。神の言葉が聞こえたときにはいつでも、あなたはそれを受け止め、その言葉に従うのです」

ロッシーナが熱心に語っている最中、携帯電話が鳴った。苦労してスカートのポケットから電話を取り出してから切った。「毎日、することが山ほどあるんですよ」とロッシーナは微笑む。山とたまった衣服のつくろいものに励むかもしれないし、ほかにもやるべきことがたくさん出てくる。「今日も畑を耕さなくてはならないしね」

どんなに忙しい日々を過ごしていても、大好きなバケイグラ・バケイグラの練習には行く。ママ・ベカの誘いをラジオで聞いて、すぐにチームに入った。バケイグラ・バケイグラのおかげで彼女はコミュニティと、友だちと、旺盛な闘争心のはけ口を見つけた。

遠い昔、登校途中で男の子たちと喧嘩したときの闘争心はまだ失われていない。「あのときの気持ちは忘れない！」。そういってロッシーナは拳を突き上げた。闘争心はますます燃え上がっている。

第8章　奪われたものが多すぎる

こうやってバケイグラ・バケイグラの一員になれて、私はほんと幸せ。もう一人ぼっちじゃない。友だちと一緒におしゃべりして笑って、ようやくこれまで背負ってきた重荷をおろすことができた。

——ンクヘンサニ・ンヤバニ・フローラ・バローイ（サッカー・グラニーズのひとり）

グラニーたち、初試合にのぞむ

南アフリカの国旗の色で編まれたニットスカーフを巻いたコーチのデビッドとロメオがサイドラインをいったりきたりした。人工芝グラウンドの照り返しのせいで、サウナのような蒸し暑さのなかでそのスカーフを巻いていては、相当に暑いにちがいない。ピッチではグラニーたちがベテランズ・カップでの最初の試合に挑んでいる。グラニーたちはみんながボールのあるところに集まって、死に物狂いでボールを奪おうとしている。私たちもサッカー初心者のころによくやってしまったが、ボールから距離をとってチームメイトからパスを受けようとすることがない。もしかすると極度の緊張から、初心者が陥りやすい、いわゆる団子サッカーになってしまっているのか。

24時間かけて移動してきて、時差ボケで、南アフリカに比較すると湿度が高いことが、グラニーたちに堪えているのは確かだ。チームキャプテンのグラニー・レイナスがなんとかチームを機能させようと奮闘し、2人のコーチがサイドラインから金切り声で指示を出している。だがバケイグラ・バケイグラはすでに3点奪われ、相手チームに手加減する気配は見えない。

この試合はメディアで取り上げられている。テッサだけでなく、地元テレビ局のレックメディアがカメラを回しているし、ABCも取材に来ている。「スコアはどうなると思います?」といきなり私の前にABCスポーツキャスターがマイクを突き出した。「あー、えーっとグラニーたちはまだゴールしていません」と私は口ごもりながら答えた。カメラの前でしゃべることに私は慣れていない。

「でもほかのチームの人たちはアメリカまで長旅をしていませんよね。それにチーム一番手のゴールキーパーは今回参加できず、リムポポに残っているんです」と言い訳がましく私はつけ加えた。額から汗が流れるのは、暑さのせいばかりじゃない。「でも彼女たちはタフですよ。きっとゴールしてくれると私は信じています」。できれば元気なコメントを出したい。実のところグラニーたちが得点できると私だって信じているわけではないが、アメリカのテレビに初めて取り上げられるのだ。華やかに明るく見せてほしい。

サイドラインから大きなため息が聞こえてきた。振り返るとバゲイグラのゴールキーパーがまたボールがネット内に転がるのを阻止できなかったとわかった。相手チームのベイステート・ブレイカーズがもう少し手加減してくれたらと思った。「相手チームはグラニーたちをリスペクトしていると思いますよ。でも彼女たちだって勝ちたいんですよね」「ええ、でも何も木っ端微塵に叩きのめす必要はないんじゃない？」と私の隣にいたカトリーヌがかみついた。「相手のコーチにちょっとひと言言ってくるわ」

ボールがセンターサークルに置かれて、グラニーたちのボールで試合が再開される前に、ブレイカーズ側はメンバーを3人交代した。ブレイカーズのチームキャプテンでディフェンスのロイスが試合に出る。そのタイミングで、ブレイカーズ副キャプテンでチームのエースのアンがコーチのところに行った。「ヘイ、うちのチームにお手柔らかにって言ってくれない？　あの人たちをこてんぱんに負かしてしまう必要はないんだから」とアンはコーチに頼んだ。

「まじめな話、良きスポーツウーマンシップを見せてほしいわ」とカトリーヌも目をぎらぎらさせていった。

「試合再開」とアリソンが叫び、私も試合に目を向けた。「さあ、行こう！」。ボールがまたグラニー側のゴール前に運ばれた。ロイスがボールを受けたが、シュートせずに優しくボールをはたいた。おそらくゴールキーパーが簡単に受けられるようにという配慮だったのだろう。だが、ボールはキーパーの股の間をくぐってネットを揺らした。ロイスは肩をがっくりと落としてうなだれた。両手をあげると、「私を外してよ、コーチ」と叫んだ。

試合が進むにつれて見物客も増えていく。ほかのチームの選手たちも集まってきて、みなグラニーたちを応援し始めた。オリンピックなどでよく見られるが、自分たちの国や地域をあらわすバッジをプレゼントする習慣がある。集まってきた人たちは、グラニーたちにプレゼントしたいとバッジを持ってきていた。ベテランズ・カップに初参加の私は、大会参加者に歓待の精神やお互いを励ます気持ちが浸透していることを感じた。

「グラニーたちのなかに英語が話せるかたはいらっしゃいますか？」とＡＢＣの記者が聞いた。私はベカとベアトリスを指差し、ＡＢＣだけでなくほかの記者たちも彼女たちのほうに向かった。

「私はベアトリス・シャバララといいます。私のサッカー名はメッシです。私はライオネル・メッシのようなストライカーで、たくさんゴールしてきました。爪先を怪我してなければ、試合に出ていました」。自信たっぷりにベアトリスが自己紹介した。まわりで聞いている私たちは、その堂々とした受け答えに感心した。「南アフリカではこんなグラウンドは、男子代表チームしか使うことができません。アメリカに来られてとても幸せです。大会の精神はすばらしいです。アメリカの人たち、ありがとうございます」。ベアトリスの言葉に私たちは感謝した。

感謝の祈りは歌と踊りで

その6時間前、私はグラニーたちがたてる物音が廊下から聞こえてきて目が覚めた。部屋の時計は4時45分。早朝の光が私の部屋をオレンジ色に染めている。あわててベッドから起き上がり、ホットピンクのレクスプレッサスのシャツをはおってドアを細く開け外をのぞいた。しんと静まり返っている。グラニーたちの部屋の外の廊下に、大会に持っていく荷物を詰めたバッグが2、3個置かれているのが見えた。試合会場まで行くバスの出発時刻までまだ2時間あるが、グラニーたちは待ちきれないらしい。

　私は抜き足差し足で廊下を歩き、グラニーたちの部屋のドアに耳を押し当てて、なかで彼女たちがおしゃべりしている声に耳を澄ませた。ベアトリスが隣の部屋のドアから顔をのぞかせたので、私は手をふって「なんとか眠れた？」と小声で聞いた。

「ええ、眠れました」と彼女は答えた。「でもみんな興奮しちゃって。興奮が高まるとグラニーたちは歌って踊っちゃうんです。踊りながら眠るのはなかなかむずかしいですよね。それに時差ボケで早く目が覚めちゃいました」と笑った。「ああ、それなら今日はいっぱい運動するから、今夜はぐっすり眠れるんじゃないかしら」と私も笑って返した。

　6時少し前に、朝食をとる食堂の前に女性たちは列をつくって待ち構えていた。白いジャージー、黒いショーツに白のソックスをはいて精悍な印象だ。頭には黄色のバンダナを巻いて髪を見せないようにしている。こちらでの早朝6時は南アフリカでは昼食の時間のはずで、きっとみんなおなかがぺこぺこになっているにちがいないと思った私は、なかに入るように手招きした。ところがグラニーたちは私のほうを見てにこにこ笑うのだが、食堂に入ってこようとしない。

　6時きっかりに4人の男性陣がやってきて、食べ物が並べられているテーブルに向かい、マフィンやベーグルを皿にとり、ベリーを添えて、グラスにジュースを、カップにコーヒーを注いだ。そして自室へと引き上げた。どうやら部屋で自分たちだけで朝食をとるらしい。男性たちが引き上げて、ようやく女性たちは部屋に入ってきて食べ物を皿に盛り、椅子や床に座って朝食を食べ始めた。

グラニーたちがどんなものを食べているか見当がつかなかったので、見ればわかるようなメニューにした。シンプルだけど、栄養価は高い。私の隣に座ったグラニーがブルーベリーをフォークでさして口に運んでいた。私のほうを向いて「グッド」という。「これ、食べたことがありますか？」と英語で聞いたけれど、困ったような顔で肩をすくめたので、私も「グッド」とうなずいて答えたら、彼女は大きな笑みを浮かべた。「これ、英語でなんていうんですか？」とベアトリスが聞いた。「ブルーベリーっていうのよ」と私は答えた。

ベカがツォンガ語で何かいって、まわりのグラニーたちは大声で笑った。「あなたのアメリカ語のアクセントがおもしろいって笑っているんです」とベアトリスが教えた。私は赤面したけれどうれしかった。私のことをネタにして笑ってくれるなんて。グラニーたちの笑い声を聞けるだけで、とにかくうれしい。

朝食をとって元気になったグラニーたちは、ロビーにおりてバスを待った。体形がさまざまな黒人女性たちの集団は、ほかの客たちの注目を集めた。ブル（牡牛）という通称のグラニーが、空港で会ったときから私は気になっていた。目の表情が豊かで、人を引きつける魅力がある。そのブルが私の隣に立って、私と目が合うとぱっと笑顔になって眉毛をくねくねと上下させる。私も思わず笑ってしまう。「楽しくサッカーする準備はＯＫ？」と私が聞くと、ブルはうなずいて私の手を取り、ようやくやってきた迎えのバスに私たちは手をつないで向かった。誰かと手をつなぐのは、小学校の遠足以来かもしれない。でも気恥ずかしさよりも、その女性に対する感謝と親愛の情が湧き出た。

男性たちが出てくると、女性たちより先にバスに乗り込んで一番後ろの席に陣取った。グラニーたちはそのあとから、ありがたくも寄付でもらったボールや膝当て、スウェットシャツや水のペットボトルが入った段ボールを積み込んだ。グラニーたちの多くが自分たちの荷物を頭の上に載せて運ぶ。首を動かしてバランスをとると、両手をあけたまま悠然と歩く。アリソンは一輪車が得意なほどバランス感覚に優れているのだが、小さなバッグパックを同じように頭に載せようとしても、何回やってもできなかった。グラニーたちはそれを見て大笑いし、彼女にやり方を見せるのだができない。その技術は年月をかけて練習してやっと習得できるものなのだろう。

バスに乗り込むと、私はグラニーたちと一緒に人数を数え、全員揃っていると確認して運転手に出発するよう知らせた。エンジンがかかったとき、グラニーたちはいっせいに頭を下げて、祈りらしきものを唱えた。「アーメン」と祈りが終わると、グラニー・ジョゼフィーヌが立ち上がって、前の座席の背をつかんだ姿勢で歌いだした。全員がよく知っている歌らしく、すぐにコーラスになった。歌詞が知りたかったが、メロディーだけで元気になる楽しい歌だとわかる。グラニーたちは座席の背をつかんで通路に出て、からだを前後に揺らしてダンスを始めた。まもなく立っている人のほうが多くなった。足でステップを踏み、腰を回す。それってサッカーの試合前のウォームアップにちょうどいいじゃないか、と私は思った。バスが揺れて誰かが転んだりしないかと心配したが、立っているグラニーたちがみな片手でしっかりと座席の背などをつかんでいるのを見て私は安心した。

その光景を見ていると、魔法にかけられたみたいな気分になった。ふと「南アフリカの女性たちと過ごす経験は、きっと生涯忘れられないほど大きな感動を与えてくれますよ」というイザベルの言葉を思い出し、私は携帯電話を取り出してカナダのグラニーに電話をかけた。「おはようございます、イザベル」。私の声ははずんでいたけれど、胸にこみ上げるものがあって少しふるえた。「ジーン・ダフィーです。いまグラニーたちとバスで最初の試合に向かっているところです。なんとみなさん、歌っているんですよ。聞こえますか?」。グラニーたちのフルコーラスがイザベルの耳に届くように、私は携帯電話を高くかかげた。

「ほんとだ。涙がこみ上げるわ。なんともいえないくらい幸せな気持ちよ。さあ、どうぞあなたの経験を思いっきり楽しんでいらしてね」

敗戦の受け止め方

主審がハーフタイムを知らせるホイッスルを吹いた。ベイステート・ブレイカーズはサイドラインまで駆け足だったが、グラニーたちはゆっくりと足を引きずってピッチの外に出ると、倒れ込んで両足を伸ばし、目がうつろだった。あきらかに疲労困憊の様子だ。コーチのロメオがクーラーを引っ張ってきて、ヘザーが用意した水のボトルを配った。もうひとりのコーチのデビッドはねぎらいの言葉をかけて、後半に向けての指示を出している。

「暑さがこたえているみたいね」とアリソンが私の耳元でささやいた。グラニーたちがショーツの下にはいている黒のレギンスがいかにも暑そうだ。暑さだけでなく湿度も高い今日のような天候に、レギンスはむいていない。スカートでは動けないとわかってショーツをはこうとベカが提案したとき、どうしても脚は出せないといってレギンスをはくことで妥協したのだそうだ。

「ショーツはどうしてもはけないと言うから、そう、それじゃショーツの下にレギンスをはくことにしましょう、といったの。それでもまだ嫌がっていたんだけれど、ようやく納得したのよ」。バンダナに関しても「女性なら、頭に何かかぶらなければならない。グラニーたちはそれを信じているのよ。とりわけ白髪を出すと災いが起こるといわれているから。一番見栄えがいいのは、頭に何かをかぶった姿だと思っている」とベカはいった。

ヘザーが用意したビーチパラソルの下で、わずか15分間だけだったが休憩をとって元気を回復したバケイグラ・バケイグラは、ハーフタイムが終わると足を引きずりながらも決然とした表情でピッチに戻った。後半に入って両チームとも走るより歩く選手のほうが多くなり、目に見えて疲労の色が濃くなっていた。グラニー・マラドーナが足技を見せたが、すぐにブレイカーズの選手にパスをカットされて、蹴られたロングボールはバケイグラ・バケイグラのゴールに吸い込まれた。だが主審がブレイカーズのオフサイドをとったので、ゴールにはならなかった。ロイスがオフサイドをとられたのはこれが2回目だ。もしかすると彼女は意図的にオフサイドのポジションにいて、グラニーたちのボールにしてくれたのか？　そうだとしたら、なんと優しいスポーツウーマンなんだろう。

ところがロイスの寛容な気遣いにもかかわらず、ブレイカーズのひとりがボールを奪ってドリブルで持ち上がり、シュートしてまたゴールを奪った。「ああ、ちょっと、何をやってくれるのよ」とヘザーが頭を抱え、私はうめいた。

普段ならハイタッチでゴールを祝福するところ、アンとロイスはチームメイトたちのところにいって「あんたたち、何やってるの？」と息巻いた。

得点した選手はいった。「ゴールしたのよ」

「ええ、そうね。私のサッカー人生で最悪の出来事よ。気分が悪い。それだけはやってほしくなかったのに」とロイスは噛みついた。

幸いなことに、グラニーたちは誰も英語でのやりとりがわかっていなかった。プレーが途切れた時間を利用して息を整えていて、相手チームの様子には気づいていなかった。

私は時計を見た。あと試合終了まで3、4分しか残っていない。6-0で負けてしまうのか。レクスプレッサスの第一試合とは異なる完敗だ。

私たち、レクスプレッサスの試合は大会初日に行われ、私たちは4-0で負けた。鮮やかなピンク色がレクスプレッサスのチームカラーなのだが、「がんばれ、ピンキーズ！」と応援されたときには腹が立った。だが試合後にコーチのカトリーヌはいつにもまして私たちを激励した。「あなたたちはよくやった。相手はたしかに何回かネットを揺らしたけれど、ただそれだけのこと。明日は勝てる」。勝利するほうがいいに決まっているけれど、がんばったと自分たちが思えることが大事なんだ、と私たちはカトリーヌの言葉を胸に刻んだ。

たしかに得点できなくて、大量失点してしまったけれど、自分たちが持てる力を100%出した結果なのだ、と私たちは前を向けた。うーむ、グラニーたちはつぎの試合で、そんな気持ちでいる私たちと対戦すべきかもしれない。

流した涙のわけは……

そんなことを私が考えているとき、グラウンドではグラニー・リッジーが全速力でベカのところに走っていった。こけた頬に涙が流れているのが見える。グラニー・リッジーは63歳のセンターフォワードで、針金のようにやせていて体重が40キロもないくらいだ。ベカの足元に座り、頭をベカの膝に埋めて肩をふるわせながら泣いている。ベカはリッジーの頭をなでながら、低い声でなぐさめていた。

コーチのデビッドがリッジーをちらりと見て、頭を振って肩をすくめ、ほかの選手たちに試合終了の挨拶をするように促した。私は足をアイシングしているベアトリスに近づいて、こっそりと「リッジーは大丈夫かしら?」と聞いた。ベアトリスはにっこり笑って「大丈夫ですよ。リッジーはアメリカに来て、サッカーをする機会が与えられたことがたまらなく嬉しいんです。彼女にとってあまりに大きな喜びなんですよ」と私を安心させた。選手たちは全員が、サッカーをする機会を与えてくれたベカに恩義を感じている、とベアトリスは涙のわけを説明した。リッジーは感極まったのだ、と。

「リッジーはエイズで子どもを5人亡くしているんです。5人とは多いですよね」とベアトリスは続けた。私は目を大きく見開いてリッジーを見た。何回も子どもを失う悲しみを、彼女はいったいどうやって耐えてきたのだろうか。思わず涙がこみ上げ、動揺した顔を見られたくなくて私は顔を手でおおった。

「私も大勢の友人たち、家族や親戚、隣人たちをエイズで失いました」とベアトリスは静かな声で続けた。「妹は不運にもＨＩＶに感染しましたが、初期の段階で薬物治療を受けることができたので、いまは元気に生活しています。私は若者たちへの感染予防の教育に全力を傾けているんですけれどね」とベアトリスは肩をすくめてため息をついた。

南アフリカでは、エイズが流行し始めた初期の段階で政府がこの感染症を軽視したことが深刻な事態を招いた。エイズが悲惨な現実であり、数えきれないほど多くの南アフリカ人に影響が及んでいるにもかかわらず、社会的に不名誉な病気だとされて人々は表立って話題にしようとしなかった。

だが命を救うために話し合おうと呼びかける人が現れた。18歳のプルーデンス・マベレは、治療薬が出たばかりで、症状を打ち明ける女性がほとんどいなかった時代に、自らが

HIV陽性であることを公表した勇気ある女性だ。プルーデンスはその後のおよそ30年間をHIV/エイズ撲滅のための活動に身を捧げた。彼女の勇気が多くの命を救ったことはいうまでもない。

政府がついに重い腰をあげて、産科クリニックで妊婦のHIV検査を受けさせて、陽性の人の治療を始めた。感染がピークだった時期の2007年に、検査を受けた妊婦の3分の1がHIV陽性だった。抗レトロウィルス薬が投与されるようになってから、母親から子どもへの感染が減少し、死亡も横ばいになった。それでもエイズはいまだに南アフリカの死亡原因の半数をしめる。健康管理と医療へのアクセスが容易ではない地方では、エイズはいまも悲惨な事態を招いている。5人の子どもを失ったリッジーの家族のような例は、けっして特異ではない。地方ではエイズは感染のピークをようやく過ぎたところなのだ。悲しみの重荷を背負いながらも、リッジーはそれでも前を向いて歩こうとしている。「この人は毎朝10キロ走っているのよ」とリッジーの頭をやさしくなでながらベカが静かにいった。リッジーはマラソン大会のためにトレーニングを欠かさないのだそうだ。過酷な日々を、彼女は走ることによって乗り越えるエネルギーを得ている。「走ることはサッカーと似ています。からだにも心にもいい」とベカがいった。

ベカがなぜ必死になってアメリカにグラニーたちを連れてこようとがんばったのかが、

私にもわかってきた。過酷な人生を忍耐力を持って乗り越え、つねに尊厳と広い心を失わないグラニーたちに、この旅を経験させたかった。ボストン郊外の小さな町で開催される大会で、グラニーたちにサッカーの試合をやらせたかった。ベカの思いに応えて、ここで過ごす時間をグラニーたちにとって有意義なものにするのが私の責任だ。暑さや疲労を必要以上に心配したり、対戦相手が手加減しないことにいらだったりするのは、まったく見当違いだった。

主審がホイッスルを吹き、試合が終了した。

サッカーを心から楽しむ姿勢

圧倒された試合展開でやる気をなくしたかもしれないが、グラニーたちはそんな様子をみじんも見せなかった。試合後、クールダウンをしているグラウンドで、グラニーたちは自分たちのチームだけでなく対戦相手のブレイカーズの選手やスタッフたちと満面の笑みを浮かべてハグして健闘を称えあった。それどころかレフェリーたちのところにも走り寄ってハグしている。バケイグラ・バケイグラの2人のコーチもいかにも楽しそうに、選手全員とハイタッチして、笑顔で称えていた。グラニーたちがロイスの頬に盛大にキスしている光景に、私は思わず笑った。南アフリカからやってきた人たちは、サッカーを心から楽しんでいる。

「整列して、ブレイカーズ」。コーチが大声で選手たちは呼び集めた。グラニーたちも整列し、握手とハイタッチを交わしたが、ブレイカーズの選手たちは全員がグラニーたちにプレゼントが入ったピンクの袋を渡した。返礼としてバケイグラ・バケイグラはジョゼフィーヌの先導で歌を贈った。グラニーたちはブレイカーズの選手たちと肩を組んで、からだを揺らしながらハレルヤのコーラスをグラウンドに響かせた。黒い腕が白い肩にまわされ、白い腕が黒い肩に回される。テッサはその光景を写真におさめた。一曲歌い終わると、ジョゼフィーヌはつぎの歌を歌い始め、つぎつぎと新しい歌が披露された。グラニーたちは足を踏み鳴らし、からだを揺らしてダンスしながら歌い続けた。

ブレイカーズはたしかに試合中は厳しく容赦なかったが、試合後にはどこまでもやさしく、盛大なランチをグラニーたちにごちそうしてくれた。私たちはグラウンド横にシートを敷いて、手作りのサラダやサンドイッチに舌鼓を打ち、デザートにはスイカとブラウニーを頬張った。そして両チームとも水を浴びるほど飲んだ。

「グラニーたちとの試合はどうだった？」と私はロイスに聞いた。「あの人たちはよく走るし、ほんとに楽しんでいたよね。もうそれにつきるんじゃないかな。強いし、勇気があるし、気骨がある。称賛すべき女性たちね」

2回オフサイドを取られたよね、と私がいうと、ロイスはにやりと笑って肩をすくめた。ロイスったら、ほんとに心憎い人。

おなかがいっぱいになったところで、グラニーたちとブレイカーズが一緒に写真を撮った。グラニーたちは手を叩き、舌をふるわせて喜びを表現しながらまた大声で歌って踊った。ほかのグラウンドで試合していた人たちが、歌声に気づいて集まってきた。何十ものカメラが私たちに向けられた。リッジーも満面の笑顔だ。その顔にもう涙はなかった。

グラニーたちの軌跡

Granny khune

＊

グラニー・クーン

サッカーができる自分が誇らしくてならないよ

クーンというサッカーネームは、南アフリカの伝説的ゴールキーパー、イトゥメレンゲ・クーンからもらっている。本名はママイラ・チャウケ・ノベーラ。バケイグラ・バケイグラのゴールキーパーだ。チームの14名がリムポポからマサチューセッツまで遠征試合に旅立ったとき、自分が行けなくなったことでチームは何試合か勝ちを逃すかもしれない、と思った。「ヨハネスブルグに行かなくちゃいけないときと重なって、アメリカには行けないとチームメイトに告げると、試合に負けてしまう、一緒に行ってよ、とみんなにいわれました。チームが発足したときから、負けるたびに私は涙を流してきた。ゴールを決められたときも泣いた。エホバの神に、なぜキャッチさせてくれなかったのですかと心のなかで問いかけたものよ」

ほかの女性たちとサッカーをするときが一番幸せだ、という。チームメイトたちはピッチ内だけでなく、外でもお互いを助け合うシステムができていて、練習にやってこない人がいると連絡して無事かどうか確かめる。自分たちの年齢でサッカーをすることは、めでたいお祭りのようでとても誇らしい、と思っている。

「私の歳？　大問題を聞くわね。私は年金生活者であることは確かだけれど、正確な年齢は知らない。ずいぶん長い間政府から年金をもらっているわ」。南アフリカの高齢者年金の受給は60歳からスタートする。ということは、グラニー・クーンは年齢のわりにとても元気だということはまちがいない。

2021年インタビューの日、クーンはツォンガの伝統的なヌセカと呼ばれるドレスを着ていた。透明感のあるブルーとグリーンの布地を片方の肩で結んだ服だ。ヌセカを1着購入しようと思ったら、クーンはまず土地を耕し、とうもろこしの種をまいて育て、収穫すると粉に挽いて店に持っていって売る。「とうもろこし粉を売ったお金でこのネックレスも買ったの」。ピンク、ライムグリーン、黄、紺、ターコイズとオレンジの華やかな色のビーズをつないだネックレスだ。欲しい服やアクセサリーがあれば、もっとがんばって収穫して店に戻り、とうもろこし粉と交換する。

　クーンは少女のころに畑仕事を覚え、一家の柱となって小さいころから農作業や家畜の世話をしてきた。ツォンガは伝統的に畜牛を生業にしてきて、牛の頭数が一家の主人である男性の財力を示す。クラールと呼ばれる家畜を入れる囲いを、円筒状に日干し煉瓦を積んで藁葺きの屋根をのせたロンダベルと呼ばれる家々が取り囲む。そんな伝統的なツォンガの暮らしは先祖代々受け継がれてきた。

「私が朝一番にやる仕事は家の周辺の掃除だった」とクーンは振り返る。「それから家畜のいるクラールに行って、山羊を草地に連れて行って放牧する。本来なら牛の世話は男の子の仕事なんだけれど、我が家は娘しかいなかったから私がやっていた。牛に引き具をつけて畑を耕すのだってやっていたわよ。そんな仕事が一段落すると、原っぱにいって夕飯のおかずにするためにイナゴやモパネワームという虫をとってくる。家ではおかゆやアカザの葉を食べていたよ」

　農作業は重労働で、一家で必死に働いても家族5人が食べていけるだけの十分な収穫ができないことがあった。当時の南アフリカの家庭ではよくあったことだが、クーンの父親もヨハネスブルグに出稼ぎに出かけた。「ときどき父は長期間まったく仕事がなくて家にいることがあった。そんなとき私たち家族はとても辛かった。本当にたいへんで、家族は誰一人笑顔になれなかった。冗談じゃなく、飢え死にするかと思った」

そういってクーンはしばらく沈黙し、力を入れてもう一度繰り返した。「飢え死にするところだったんだよ。食べ物が十分にないとき、おばあちゃんが母に教えてくれたやり方で、雑穀でビールを作っての主食にした」。家族はときおり山羊や牛を殺して、肉にありついた。

クーンは学校に通い始めたものの、毎日のように学校が終わる前に走って家に帰って山羊の世話をしなければならなかった。「私が学校に行こうとすると、両親はいつも、家畜の世話をしてくれと頼む。だから結局学校をやめてしまった」。父には2人奥さんがいて、もうひとりの奥さんにも娘が3人と息子が1人いた。どちらの家でも娘は学校に行かなかった」

クーンの肩には家族を養うという責任がのしかかり、つねに自分のことより家族のことを優先させられてきた。学校には2年通っただけだった。自分の名前さえも書けないことが、いまもクーンを苦しめる。教育は失われた機会のひとつで、もし教育を受けられてさえいれば、背負っている重荷ももう少し軽くなっていただろう。

「勉強する機会を奪われたことで、私たちは困難な人生を送ることになってしまった。今にいたるまでその苦しみに悩まされ続けている。私たちきょうだいで唯一学校に通えたのは、末っ子の男の子だけだった。でも学校が好きではなくて、弟はやめちゃったんだよ。学校に行けといわれるたびに、弟は泣いていた」

若いときにクーンは、男の子は面倒しか起こさない厄介な生き物だと感じていた。だから大きくなって母親になったら娘をいっぱい産んで、女だけで暮らそうと決めていた。その願いをこめて、木を彫って女の子の人形を作り、ヌセカを着せて祈った。

結婚ができる年齢になる前に、クーンはツォンガの大人の女性になるために身につけなければならないあらゆることを学ぶ「コホンバ」という通過儀礼を受けさせられた。コミュニティの年長の女性たちによって執り行われるコホンバは、クーンのときには3ヵ月かかり、その間は家に帰ることは許されなかった。コミュニティにおける女性の役割を学び、よき妻となるには何をするか、母親になるとはどういう意味を持っているかを学び、家を管理し、穀物を栽培する方法も教わった。特別な儀式のときの踊りも教わり、クーンにとって踊りは最大の楽しみとなった。「私たちは音楽に合わせて踊り狂った。腰を振って回してね」

コホンバを経てツォンガの一人前の女性になったクーンは、結婚への期待で胸をふくらませた。ツォンガではいとこ同士は結婚しなかったし、子どもでいる間に嫁ぐこともない。伝統に従って、男性は結婚したい女性にガラスの指輪を贈る。もし女性が同じ思いならば、男性にガラスの指輪を贈る。双方の父親が結婚を承認し、花婿の家から花嫁側に贈るものを交渉する。

「正確にいつ結婚したか思い出せないんだよ」とクーンはいうが、結婚を決めたときのことは覚えている。「夫の姉が夫に代わって結婚の申し込みにやってきた。家に来て、娘たち全員のなかから私を選んだ。私がほかの子たちよりも色黒だったから気に入ったみたいだね。夫の姉は夫の写真を見せて、『あなたの愛を望んでいるのはこの男性です』といった。その男性は私のことを見たことがなく、ただ女性を探していただけだった。その写真が本人かどうかもあやしかった。もしかしたら写真に写っていたのは息子だったのかも。あとでわかったけれど、夫になったのはものすごい年寄りだった。あの時代に写真が本人かどうかなんて確かめようがなかったのさ」。クーンはそこで爆笑した。

男性の姉はクーンに、あなたは第二夫人となると告げた。第一夫人が家庭内における自分の権勢を増して働き手を増やすために、複数の妻を持つように夫に勧めることはよくあることだった。クーンは考える時間がほしい、明日までに返事をすると姉にいった。そして翌日の午後、写真をじっくり眺めたクーンは決意した。「いいんじゃないかな。私はこの人を愛している」。そこで家族は男性の姉にガラスの指輪と手作りのネックレスを贈り、現金を受け取った。「たったの5ランドよ。5ランドでいったい何が買えるっていうのさ。飴玉が数個買えるくらいだよね」とクーンはまた大声で笑った。

クーンの結婚式はツォンガの伝統に従って2部構成で行われた。花嫁が実家を出るときの正式な儀式と、花婿の家での歓迎の披露宴である。花嫁は鮮やかな色の生地が何層にも波打つドレスを着て、弦楽器、トランペット、太鼓やタンバリンで奏でられるツォンガのにぎやかな音楽に合わせて腰を振って踊った。

嫁ぎ先でクーンは、家を掃除し、料理を手伝い、薪を集めるなどして働き、新しい家の生活習慣やしきたりを学んだ。夕食後にひと休みして、隣の家に住む第一夫人とおしゃべりを楽しんだ。ツォンガの家族では、母親と年長の娘たちは年下の子どもたちの面倒を見て、息子たちは山羊や牛の世話をし、娘たちは薪を集めて水汲みをする。クーンが幼いときからやってきたことだ。ときがたつと息子たちが結婚し、一族は代替わりする。

伝統的なツォンガの家族では父親が絶対的な権力を持ち、敬意を払われる。クーンの夫がヨハネスブルグに働きに出ると決めたとき、クーンはやむなくひとりで子育てをすることになり、背負うものは重くなった。できるときにはヨハネスブルグまで夫に会いにいった。やがて3人の息子に続いて、念願の娘が誕生し、クーンは忙しく育児にいそしんだ。

年月がたって夫が亡くなり、クーンは悩み事を相談する人がいなくなって途方に暮れた。「私の苦労は増すばかりだった。自分の子どもたちだけでなく、第一夫人の子どもの面倒も見なくてはならなかった」。食べさせなくてはならない口が増えたことで、クーンは母や祖母から教えてもらった料理で飢えをしのいだ。

クーンの子どもたちが成長して自分たちの家庭を築くと、クーンは子どもたちに加えて孫たちのためにも働いた。「庭掃除や畑仕事を請け負って賃金をもらったよ。畑仕事がうまくできることがとても誇らしかったね。日照りが続いたときでさえも、私が耕して植えた作物はちゃんと育つんだよ。一生懸命働くことで、私と同じように貧しい人たちを助けてあげられる。食べ物が十分にあるときには、困っている人たちとその子どもたちに分けてあげられるからね」

クーンは拡大していく家族をなんとか養っていこうとがんばった。それでも悲劇に襲われた。2002年に次男が亡くなった。

「私はまだその日のことを覚えている。何ひとつ忘れられないね。次男には3人の子どもがいた。誰が父親を亡くした子たちの面倒を見るのか。毎日、日が暮れると私は泣いたよ。でも長男と三男が責任を持って次男の子どもたちの面倒を見たんだ」

「でも次男の子どもたちの面倒を見ていた三男が、ある日突然病気になった。そして2ヵ月もたたずに亡くなってしまった。短期間に身近にいる近親者がつぎつぎと亡くなって、私はまいってしまった。長いことひどい頭痛に苦しんだよ」

成人した子どもを相次いで亡くしたことで、クーンは深いトラウマを抱えた。息子たちを奪った病名を口に出せないほどだった。リムポポ州には医療体制がまったく整っていない地域があり、人々が病気に気づいたときには手遅れだということも多い。医療体制の不備に加えて、ある種の病気は恥ずべきものと考えられているために人々は病気だと認めず、予防や適切な治療を受けようとしない。南アフリカではエイズ発症の初期の段階で大勢の人たちがエイズに命を奪われたが、文化的なタブーと恥の意識で家族が病名を口外するのを避けたために、愛する人を失った悲しみをより堪え難いものにした。

人生のどん底にあったクーンは、信仰によって未来への光を見出した。シオン・キリスト教会で洗礼を受けて信者となったのだ。

「私のように大きな不幸に見舞われ、信仰によって希望を見出した人たちにおもしろいことを教えられたよ。『膝に話せ』ってね。つまりひざまずいて祈れということ。教会に通うようになって、息子たちが残した子どもたちはきっと神がお守りくださる、神が子どもたちと私の面倒を見てくださる、と思えるようになった。信仰を持って、私の魂は落ち着いた」

クーンはいま娘とその息子と一緒に暮らしている。家をきれいにして、孫のために食事を用意し、折りあるごとに祈っている。

「ひと仕事終えた午前10時ごろに祈り、昼の12時にまた祈り、午後3時にも祈る。祈ることで魂が落ち着き、私は気持ちが安らかになる。私に憐みをお与えください、そしてどうぞ孫たちの世話ができるようにしてくださいと神に祈るんだ。親戚たちのために、世界じゅうの人たちのために、神が目をかけて憐みを与えてくださるように祈る」

幼いころから身に染みついた伝統的な考え方と、21世紀の南アフリカ社会の現実を踏まえた生き方をうまく組み合わせて生きているクーンは、モダンなツォンガ女性だといえるだろう。信仰に支えられながら、自分自身の才覚を生かす努力も忘れない。

「神は私を護ってくださると信じている。そして一生懸命働くことによってだけ、私は置かれた状況を生き延びられるとわかっている。子どもたちを立派に大きくしたことは私の誇りだし、高齢になって政府の年金をもらっていることを神はきっと許してくださるだろうと思っているよ」

長年がんばって働き続けてきて、いまやっとクーンは価値あるレクリエーションを見つけることができた。

「サッカーができる自分が誇らしくてならないよ。私はバケイグラ・バケイグラを背負っているひとりだから」とクーンはいう。

ゴールキーパーとして、自分の働きにチームが左右されるとよくわかっている。「フィールドでの私のプレーの一つひとつは、私の心から、そして頭から出てきたもの。サッカーは私の人生をよいものに変えた」とクーンは誇らしげに微笑んだ。

第9章 互いに敬意を払うこと

私たちには自分たちの歌がある。集まると、私たちは歌う。プレーの前に、私たちは歌う。家に帰る前に、私たちは歌って踊る。伝統的な踊りは、ウエストをよく回す。サッカーと並ぶエクササイズだね。私はそう信じている。私たちはサッカーをプレーし、歌い、踊る。

——レベッカ〝ベカ〟・ンツァンウィジ（サッカー・グラニーズ創設者）

サッカー・グラニーズ、初ゴールに歓喜

午前9時に暑さは容赦ないものになった。グラニーたちにとって大会2日目は、堪えが

たいほどの暑さのなかで行われることになる。グラニーたちがバスを降りると、たちまちほかのチームの選手たちが大勢集まってきた。まるでロックスター並みの人気だ。

「ようこそ！」

「来てくださってものすごく嬉しい」

「バケイグラ・バケイグラ！」

選手たちがチームロゴをかたどったピンを渡すと、グラニーたちはすぐに自分たちの黄色とライムグリーンのシャツにつけた。

「今日は応援がたくさん集まりそうね」とロイスは満足そうだ。今日は出番のないレフェリーやほかのチームの選手たち、そのファンや家族も、グラニーたちの試合が行われるピッチの周囲に集まっていた。「そうね、アリソンが背番号と選手名のリストを作ってくれたから、名前を呼んで応援しよう」と私は提案した。

グラニーたちの今日の対戦相手はサンディエゴのチームだ。グラウンドにやってきた選手たちは筋肉隆々で日焼けした肌はつやつやで、カリフォルニアの太陽のもとで鍛えてきました、という体格のよさだ。「今日は対戦するのを楽しみにしています」と選手のひとりが駆け寄り、グラニー・エニーとマーシーを熱く抱擁した。

グラニーたちが歌い始めた。そのころには私にもサビの部分が聴き取れるようになり、振り付けも覚えた。シャーウェイ、シャーウェイ……とグラニーたちがコーラスするサビの部分では手を腰にあてる。サンディエゴの選手たちもまねして踊った。グラニーたちが片足の膝を上げ、ドンとおろした。サンディエゴ側もまねた。これからサッカーの試合をするもの同士によって、まずダンス・パーティーが繰り広げられている。主審が時計を見て、選手たちをピッチに呼び集めた。おそらくダンスが十分なウォームアップになったと考えたのだろう。

「頑張って、ベアトリス」とまだ痛みが残る足の調子を慎重に確かめているゴールキーパーに私は声をかけた。

ボールがセンターサークルに置かれ、バケイグラの〝マラドーナ〟がキックオフの合図を待った。主審が双方のゴールキーパーの位置を確認し、ホイッスルを吹いた。グラニーたちの第2試合が始まった。

「マラドーナ、行け！」

「8番、ロッシーナ、いいよ、その調子」

「そうだ、フローラ」

「ベアトリス、キャッチできるよ！」。背番号と名前が書かれた紙を見ながら、サイドラインから応援する。今日のグラニーたちは昨日よりも調子がいいようだ。

その様子をロサンゼルス・タイムズ紙は「選手たちが一団となってダンスをするようにピッチを上下動し、ボールのまわりでワルツを踊っているような動きを見せる。驚いた小動物が隠れる穴を捜して走り回るのを見ているようだ」と書いた。

サンディエゴの右ウィングがセンターフォワードにクロスをあげ、ベアトリスが飛び出したがゴールが決まって、サンディエゴが先制した。

「大丈夫だ、ベアトリス」

「いいトライだ」

「さあ、まだまだこれから。行けるよ！」

センターサークルからプレーが再開すると、サンディエゴの動きがなんだかゆるやかになり、バケイグラ・バケイグラにボールを持たせてくれるようになった。

ハーフタイムに入ろうかというとき、ボストン・グローブ紙の記者たちが到着し、カメラマンがピッチの試合の模様を撮影している間、ヘザー、ロイスと私が記者のインタビューを受けた。「まだみんな時差ボケと長旅の疲れが残っているんですけれど、試合の最初と最後に歌とダンスを披露するエネルギーはあるんです」「たった2日前に到着したばかりとはとても思えない」「南アフリカから来てくれたなんてまだ信じられないし、私たちにとって大きな挑戦だったんですけれど、プレーしている姿を見ると挑戦してよかったたなと思います」「サッカーは世界共通語ですね。みんなをひとつにしてくれます」。よどみなくしゃべる私たちは、まるでメディアの取材を受け慣れている人たちみたいだ。

サンディエゴが後半の早い時間に加点し、2-0となるとプレーはまたゆったりとしたものになり、サンディエゴ側がスペースを与えてくれるおかげでグラニーたちはボールが持てるようになった。ボールが楽に扱えるように、相手がスペースをプレゼントしてくれるときの感じが私にはよくわかる。初対面も顔見知りもふくめて、グラウンドに集まった人たちでする試合に私は1週間に1回参加してきた。初めのうちは女性ばかりだったが、回を重ねるうちにスキルもスピードもある男性たちが増えていった。すると私よりはるかにうまいプレーヤーが、私がボールを持つと簡単に奪えるはずなのにスペースをとってボールを持たせてくれることがときどきあるようになった。それは屈辱だったが、同時に私を発奮させた。

サンディエゴの選手がバケイグラのゴール近くで背後の味方に送ろうとしたパスが乱れ、ブルが拾った。ドリブルしながら前進するブルに、私は精一杯の大声で叫んだ。

「ブル、行け〜〜〜」。サンディエゴのディフェンダーたちの戻りが遅れるなか、ブルは10番をつけるキャプテンのレイナスにパスした。残り時間は30秒を切っている。

「ナイス・パス、ブル、行け行け行け〜〜〜」

レクスプレッサスの応援団が大声で叫び続けた。パスをとめたレイナスは、サンディエゴのゴールに向かってシュートした。

ゴール！　バケイグラ・バケイグラ、大会最初のゴールを決めた！

私は両手を突き上げた。「バケイグラ・バケイグラ！」

グラニーたちはすぐそばにいる選手と、それがサンディエゴだろうがバケイグラだろうがかまわず飛びついて抱き合っている。ブブセラが高らかに吹き鳴らされ、観客たちは大声で祝福した。主審がホイッスルを吹き、試合終了。

互いに敬意を払うこと、そこに大きな意味がある

サンディエゴのチームが2列に並んで向き合い、対面の相手と手をつないでトンネルを作った。グラニーたちはその間を通り、ピッチの端に半円を作ると、やはり歌が始まった。グラニー・ジョゼフィーヌが先導をして歌うビートに合わせてサンディエゴの選手たちが手を叩き、グラニーたちのコーラスに加わった。サビの部分では両チームが一緒に片足を高くあげて踏み鳴らし、片腕を肩のところまで振り上げた。私が聴き取れたのは「ア〜メ〜〜リ〜〜カ〜〜〜」という部分だけだが、どの歌にもそのコーラスが入っていた。

ベカのほうを振り向いて「どういう歌なの?」と聞いた。「グラニーたちがバッグを抱えて、アメリカにやってきた、という歌詞よ」とベカが教えた。そうか、起こった出来事を歌にしているのだ。バスに乗ってピッチにきて、初めてのチームと対戦して、でも負けてしまったよ、という今日起こったことを歌っている。つぎの歌をベカが訳してくれた。

私たちはおばあちゃんさ
私たちには敵はいない
私たちが闘う相手は病気だけ
私たちはサッカーをして、得点を決めた
そしていま、私たちは心も軽く走っている

それを聞いて私は喉が締めつけられ、ポケットからティッシュを出して目尻の涙をぬぐった。

サンディエゴの選手たちも輪になり、お返しにビーチボーイズの「カリフォルニア・ガールズ」を歌った。その後は全員がハグ、ハグ、ハグの嵐。

カリフォルニアからやってきた選手のひとりが挨拶した。

「今日、はるばるアメリカに来てくださったみなさんに会えて、こんなに嬉しいことはありません。みなさんと友情を育む試合ができて、とても幸せです」。ベアトリスが通訳すると、グラニーたちは拍手喝采した。「今日の試合が私たちの友情の始まりであることを望みます。いつかサンディエゴのチームを南アフリカに連れて行って、試合がしたいです」。いっそう大きな拍手が沸き起こった。

ベアトリスがいった。「私たちの言葉であるツォンガ語では、ありがとうはインコムといいます。すばらしい時間を一緒に過ごしてくださり、ここでサッカーができたことにインコム。みなさんにはもっとゴールを奪えるチャンスがあったのに、そうなさらなかったことに私たちは気づいていました。それどころか私たちにチャンスをくださいました。ご覧のように、私たちはおばあさんです。ただプレーするだけで幸せです。みなさんが南アフリカに来てくださる日を心待ちにしています」

「いよいよ南アフリカで大会をやることになりそうだね」とアリソンが私の耳元でささやいた。私は感極まってまた泣きそうになった。「そうなの、ベカがそれらしきことをもういっていた。アメリカから何チームか南アフリカまで行けたらすごいことだよね」。グラニーたちのアメリカ滞在がまだ半分しか終わってないこの段階で、私はもうつぎの冒険のことを考えている。グラニーたちがサッカーをしている動画を初めて見てから今日にいたるまでの波乱の数ヵ月間を私は振り返った。

手を叩き、ブブセラを吹き鳴らし、舌をふるわせて、バケイグラ・バケイグラが今日のことを、試合のことを、熱い友情の絆のことを称えていた。サンディエゴの女性たちは舌をふるわせることができなかったが、ひとりが親指と人差し指で唇を広げて、声を出しながら頬を叩くと似たような音が出ることを発見してほかの女性たちに教えた。すぐに全選手が真似をして、その様子があまりにおかしかったので、私たちはおなかを抱えて笑った。

お決まりのチーム集合写真撮影の時間となった。そのときロイスが私のほうを見て、顔を輝かせていった。「サンディエゴの選手が、これまでサッカーをやってきたなかで最高の出来事で、グラニーたちのダンスはまるでワールドカップで優勝したみたいだっていってくれた」。ロイスは幸せそうにため息をつき「お互いをリスペクトした試合だったね。さっきの試合からは愛が感じられた。グラニーたちの得点は本当に嬉しかった」「リスペクト、それが大事とわかった」。アレサ・フランクリンの歌を私はそっと口ずさんだ。グラニーたちがはやし立て、指差す方向に私が目を向けると、グラニー・ビューティーがゴルフカートに大会実行委員長のティムを乗せて、センターサークルをぐるぐる回っていた。

レクスプレッサスの試合では、日陰で寝転んでいるグラニーたちが私たちの応援にまわり、ゴールが決まると喝采した。レクスプレッサスは1-2で負けた。

マサチューセッツ州成人サッカー協会が用意したランチは、アメリカ流のジューシーなビーフをはさんだハンバーガーにポテトチップを添えたものだった。おしゃべりと笑い声がにぎやかに響きわたるなか、グラニーのひとりがブブセラを取り上げて力いっぱい吹き鳴らした。するとひき肉の塊がホーンから飛び出し、テントの向こうまで飛んでいった。その様子にグラニーたちは大笑いだった。ベアトリスは笑いすぎて涙をぬぐっていた。「みんなとは長いつきあいなんだけれど、こんなに楽しそうに笑っている姿を見るのははじめてなの」。その言葉を聞いて、私はまたポケットからティッシュを取り出した。

サッカーチームはコミュニティ

午後6時。エレベーターがおりてきてドアが開いたとたん高らかな声が響きわたり、グラニーたちの一団がホテルのロビーを占拠した。私は大きく目を見張った。まぶしいほど鮮やかな原色の色とりどりがロビーを彩っている。ツォンガの伝統的な民族衣装を見るのははじめてだ。ターコイズブルー、ロイヤルブルー、深紅の膝丈のスカートは、布地をぜいたくに使ってこまかく襞をとり、グラニーたちが歩くとシュッシュッと衣擦れの音がする。上に着ているブラウスもゴールド、エメラルドグリーン、オレンジと色鮮やかで、黒い帯を片方の肩の上で結んで膝までたらしている。柄に七色を使ったリボンが服の上で踊っている。南アフリカの国旗の色のスカーフで頭をおおっている女性たちもいた。ビーズのヘッドバンド、ネックレスとブレスレットは全員がつけていた。

「すごい。みなさん、とても素敵」。目を輝かせて私は感嘆の叫び声をあげた。ベアトリスの髪は肩までビーズが編み込まれていた。そんな衣装のグラニーたちが全員揃ったロビーは、まるで万華鏡をのぞきこんだみたいだ。

私たちはロビーのテレビが置かれたコーナーに移動し、ＡＢＣのローカルニュースを見た。「それではつぎのニュースです。南アフリカから来たおばあさんたちのサッカーチームが、今日ランカスターで試合をしました」。ソファに座ったグラニーたちから歓声があがった。カメラは大会全体をとらえたあと、グラニーたちの試合に焦点を合わせた。グラニーたちがドリブルし、パスを出し、ボールを競い合う様子を映像で見せながら、リポーターはベテランズ・カップの概要とグラニーたちのチームについて紹介した。見ているグラニーたちは満面の笑みを浮かべ、感謝の言葉をつぶやいていた。リポーターは興奮をとめておさえた口調で、スコアについては配慮してふれず、映像は試合後の歌と踊りに切り替わった。グラニーたちはアメリカのチームが歌ったり踊ったりしないことに気づいたかしら、と私は様子をうかがった。テレビではベアトリスが取材されて、アメリカにやってこられて嬉しくてたまらないと話していた。

ホテルに宿泊している大会の参加者たちも、グラニーたちの背後から一緒にテレビを見ていた。どんな場所でもグラニーたちは称賛を集めることに私は気づいた。テレビでは今度はロイスが「人生でこんなにすばらしくて楽しいことを経験することは、めったにないと思います」といっていた。拍手と歓声と口笛がロビーにこだましました。

私たちはベテランズ・カップ主催の晩餐会に出席するために、みんな一緒に迎えのバスに乗りこんだ。私はまたグラニー・ブルと手をつないだ。「とても素敵よ」と私がほめると、ブルは笑って眉をくねくねと動かした。

宿泊しているホテルから数キロ離れたところにある高級ホテルの庭に、巨大なテントが設置され、600人ほどの選手、審判、コーチや実行委員たちが歓談していた。指定されたテーブルまで会場を歩いていく盛装したグラニーたちは、出席者たちから称賛のため息と歓声を巻き起こした。試合はともかく、ベストドレッサー賞があれば優勝だ。

グラニーたち全員が座るのを見届けてから、空いていたコーチのデビッドの隣の席に座った。ホットドッグを頬張ったデビッドに「それで、グラニーたちのコーチをするのってどんな感じ?」と聞いた。デビッドは目を白黒させて、食べ終わるまでちょっと待ってと私に合図し、飲み込むと答えた。「すごく簡単だとはいえないですよ。友だちにからかわれるんです。なんでまた年寄りの女たちとつるんでるのさ、とか、ちゃんとした仕事を見つけたらどうなんだ、とかね。でもぼくがアメリカに行くことになったといったら、みんな妬いてましたよ」。「そうか、妬く人たちの気持ち、わかるわ」と私は笑った。「それはともかくあなたは自分がやっていることに誇りを持つべきだと思う。歳を取ったら、自分のためのサッカーチームがあるってことにいまから気づけたんだから」

バケイグラ・バケイグラのメンバーにとってサッカーの練習がストレスを和らげるということが私にはよくわかってきた。日常生活でのたくさんの心配事を抱えて練習場にやってきたグラニーたちだが、走って、ボールを蹴って、仲間と笑い合って、帰り道は笑顔になれる。誰かが練習に来なかったら、コーチたちは家を訪ねて大丈夫かどうかを確認する。サッカーチームはコミュニティなのだ。美しい関係だと思う。

遠くから雷の音が聞こえてきて、夕暮れの空が黒雲におおわれていく。生バンドが今夜最初の曲を演奏しはじめた。1960年代のヒット曲「ビーナス」だ。グラニーたちから歓声があがった。立ち上がると、人混みをかきわけてダンスフロアにあがって踊り出した。グラニーたちが踊る姿は何回も見たが、ダンスフロアでの姿ははじめて見る。日の丸の鉢巻を巻いた日本人男性たちがダンスフロアに上がろうとしたが、レクスプレッサスのメンバーのひとりが腕組みをして前に立ちはだかり厳しい顔で阻止した。私たちはしだいにグラニーたちに対する保護本能が強く働くようになっている。グラニーたちはたくましいけれど、弱さを併せ持っている。そしてそこが大きな魅力だ。

グラニーズ、あなたたちを愛している！

「今日は特別ゲストをお迎えします」と生バンドのリーダーが紹介し、グラニー・ジョゼフィーヌがステージにあがった。大勢の注目を集めていることなど意に介さず、ジョゼフィーヌはいつもの歌を歌い始めた。ほかのグラニーたちの合図で、私たちも手を叩いて盛り上げた。カメラのフラッシュがあちこちから光る。日本人男性が叫んだ。「バケイグラ、バケイグラ！」。そのときロイスが私にマイクを渡して「さあ、挨拶していらっしゃい」と促した。私は目をぱちくりしてとまどった。「みなさんの協力のおかげとお礼をいったら」とロイスは私をステージのほうに押しやった。

頭がぼーっとしたまま私はステージにあがり、見知った顔を見つけて気持ちを落ち着けた。ここまでこぎつけられたのは、大勢のかたたちの助けがあったからです。実行委員の方々、スポンサーになってくださった方々、そして選手のみなさんがグラニーたちに親切にあたたかく接してくださったことで、グラニーたちはアメリカで試合ができることになりました。グラニーたちの歌を翻訳すると、体調を崩すことなく、プレーできて、楽しんでいる、と歌っています……そんなことを伝えなくては、と思いながら、私の口から出てきたのは「グラニーズ、あなたたちを愛してる！」だった。喝采と、そうだそうだ、という叫び声が響き、ロイスは「いいよ！」と親指を立てていた。夢見心地でステージをおりてチームメイトのところに戻った。

サッカー選手がひとり、ロイスのところにやってきて「南アフリカの人たちへの寄付はまだ受け付けていますか？」と聞き、１００ドルを差し出した。「あの方たちのおかげで、私にとって大会は意義あるものになりました」

ダンスフロアで踊る人たちを眺めていた私のところにアリソンがやってきていった。「ベカが疲れたからホテルに帰りたいっていってる。運転手を探そう」。そのとき空に閃光が走り、いきなり大粒の雨が落ちてきた。「あら、嵐が過ぎるまでちょっと待ったほうがいいわね」。強風がテントを揺らし、雨が降り込んでくる。グラニーたちを集めて、ホテルのロビーまで避難させた。スカートから雨水がしたたり乱れたグラニーたちの濡れた髪や顔を、レクスプレッサスのメンバーはぬぐってあげた。

ベカが私を隅のほうに呼び、持ってきたプレゼントをいま渡してもいいかとたずねた。「もちろん」と答えて、一団をロビーの片隅に呼び集めた。ヘザー、アン、ロイス、実行委員長のティムと私が並び、ふたりのグラニーが私たちの前に布を広げ、その上に一人ひとりひざまずくように促した。グラニーたちは私たちに刺繍したシャツを着せ、片方の肩から帯をたらしたり、ビーズのヘアバンドやブレスレットをつけたり、首に小さなビーズのバッグをかけたりした。

レクスプレッサスのメンバーが拍手し、テッサが一部始終を写真に撮った。私はとまどいながらも、グラニーたちが感謝の気持ちを表しているんだと理解した。照れくさく、でも嬉しさで胸がいっぱいになって涙がこぼれた。

宿泊しているホテルに帰るためにバスに乗ろうと入り口に向かうと、ベアトリスが若いカップルと話していた。カップルが結婚を間近に控えていると聞いたベアトリスは、取り囲んでいるグラニーたちに興奮して伝えた。ふたりのグラニーたちがカップルに背を向け、ヒップをふってスカートをふるわせた。ツォンガの伝統的な結婚式のダンスだと説明されたカップルは、緊張を和らげた。ツォンガの歌とダンスを贈ったグラニーたちは、最後にカップルの前にひざまずき、拍手と指笛で幸せなカップルを祝福した。

Part Two

第10章 ブブセラ対ウクレレ

え？　どうやってコミュニケーションを取ったのかって？　ありがたいことに神様はボディ・ランゲージと呼ばれる方法を授けてくださった。言葉より仕草や身振りで早く伝わるんだよ。あの人たちといい関係を築きたいと思ったら、ボディ・ランゲージを学ばなくちゃね。

——エイブラハム・セイバー・クワベナ（サッカー・グラニーズのコーチ）

メディアはサッカー・グラニーズをどう報じたか？

「ブル」と手招きして呼び、娘のカレンを紹介した。「お目にかかれてとても嬉しいです」

とカレンは笑顔でブルに挨拶した。ブルは「きれいなお嬢さんを持って幸せね」と私にいった。ふたりのグラニーがめずらしいものを見るように、娘のブロンドのポニーテールをさわりにくると、カレンは驚きながらもおもしろがっている様子で、私に目配せした。どうやらグラニーたちの好奇心の対象となることを気にしていないらしい。

大会最後の試合でバケイグラ・バケイグラはハワイのチームと対戦する。その日は白のジャージー姿で、ピンクの花輪がついたライムグリーンのチーフを頭に巻いている。グラニーのひとりがスパイクの紐を結ぶのに苦労している様子を見たカレンは、「お手伝いしましょうか?」とたずねてひざまずいて紐を結んだ。傍らではベカが折りたたみ椅子に座って、新聞を読んでいる。なんだか疲れた様子だ。私が挨拶して、大丈夫かとたずねると、ベカは「ありがとう。昨晩はよく眠れたわ。でも今日が最後の試合で嬉しい」と答えた。当然だろう。

ベカが読んでいる新聞は地元紙のボストン・グローブ紙で、グラニーたちがサンディエゴのチームと試合後に健闘を称え合っているとてもいい写真が、スポーツ面のトップを飾っていた。だが私の目を引いたのは、記事の内容だ。

「ひよこがよちよち歩いてボールを蹴っているみたいな南アフリカの選手たちは、昨日のサッカー大会で初の得点をあげた」とある。おもしろおかしく書かれたその文章には、リスペクトのかけらもない。80歳を超えた人たちが、遠く南アフリカからやってきてすぐに、うだるような暑さのなかで連日サッカーの試合をすることをいったいどう思っているのか。なんなら自分がやってみればいい。グラニーたちのサッカーのスキルは「うまいというよりも勇猛果敢だ」。そう、それはいい。だが「試合が終わると、南アフリカの選手たちの何人かは救護班に助けを求め、足をひきずりながらピッチをあとにした」。どういうこと？　グラウンドでずっと付き添っていた私が見るかぎり、治療を求めたグラニーはひとりもいなかった。

地元の新聞が、ベテランズ・カップに南アフリカの高齢女性のチームが参加したことの意義をまったくわかっていないことに、私はいたく失望した。ニューヨーク・タイムズ紙やロサンゼルス・タイムズ紙はきちんと把握しているというのに。だが私はベカが自分たちについて報道するメディアがあることを重視しているとわかっているので、あえて何もいわなかった。

ベカは自分のまわりにいるグラニーたちに、記事の内容を翻訳しながら読んだ。「この新聞いただいてもいいかしら？」と私に聞いたので、「もちろんよ」と答えて、どうか記事を正確に理解して怒ったりしませんようにと心のなかで祈った。

最後の試合も勇猛果敢に

滞在スケジュールはこの試合でちょうど半分の折り返しとなる。そろそろ帰国のことなど話しておかねばならない。

「ねえ、ベカ。グラニーたちはもう2つキャリーバッグを運べるかしら？　ヘザーが中古のスーツケースを集めたんだけれど、そこに寄付してもらったみなさんの役に立ちそうなものを詰めて、持ち帰ってもらうことはできる？」

一瞬の躊躇もなくベカは即答した。「それなら子ども服をいただけるとてもありがたい」。そばにいたグラニーからも「下着をお願いしたい」とリクエストがあった。それで決まりだ。

今日の対戦相手のハワイのチームが到着した。淡いブルーの地に赤いハイビスカスがプリントされたジャージーを着ている。一緒にサッカーができることがたいへん嬉しい、と挨拶してくれた。前半はずっとハワイがボールをキープして、何回となくグラニーたちのゴールをおびやかしたが、ベアトリスがゴールを許さなかった。「ナイスセーブ、ベアトリス！」とアリソンが声援を送り、私のほうを向いて「ベアトリスが予備警官だって知ってる？」と聞いた。知らなかった！　ベアトリスが司法省で仕事をしていたことや、病院の事務管理者だったこと、神学の学位を持っていることは知っていたが、その上に警官だとは。伝道が好きで、いつか自分の教会を開きたいともいっていた。それほど豊かな才能と経験を持っている女性が、片足の指を骨折しながらも、いまピッチでからだを張っている。頭がくらくらした。「いいディフェンスよ、フローラ」。ハワイの選手がシュートを放ったものの、力がなくてベアトリスが簡単にキャッチした。そのシーンを見ていたヘザーが、その前のグラニーたちのディフェンスを褒めた。

「ジーンさん?」と声をかけられて振り向くと、白髪の紳士が折りたたみ椅子を片手に立っていた。「E・B・スウェインです」。思い出した! コネティカットの医師で、ニューヨーク・タイムズ紙でグラニーたちのことが紹介された記事を読み、寄付を送ってくれた人だ。寄付の集まり具合を心配して何回か電話もくれた。わざわざやってきてくれたなんて。私は握手のために差し出された手を無視して、彼をハグした。「来てくださって本当にありがとうございます」。スウェインさんは折りたたみ椅子を広げて私の隣に座った。

観客たちから歓声があがった。ピッチに目を戻すとベアトリスがゴール前でがっちりハワイのシュートをキャッチしている。ここまで0-0に抑えている。この調子ならMVPに選ばれるかも。

しかしそのベアトリスの集中力にも限界がある。ハワイが2ゴールを立て続けに奪った。グラニーズのコーチ2人がサイドラインから盛んに指示を送ると、中盤のグラニーたちがパスをつないでハワイのゴールに迫っていった。ハワイのディフェンスはグラニーたちにスペースを与えているように見える。私は娘のカレンとスウェインさんに、対戦相手はグラニーたちをリスペクトしてボールを持たせてくれていると状況を説明した。

「ナイスシュート、リッジー。つぎは決まるよ」

「そうだ、ビューティー。すごいパス」

「走って、マーシー」

「すごいスローイン！　ジョゼフィーヌ」

「バーケイーグーラー、バーケイーグーラー」

レイナスが巧みにボールをキープしているのを見て、グラニーたちはサポートに駆け上がった。「相手が3人、グラニーズが4人。数的優位よ」とアリソンが大声で叫んだ。「グラニーズ、行け〜〜」。するとほかのグラニーたちもハワイのゴール近くまで走ってきた。だがシュートは惜しいところで外れた。残念。でもグラニーズは攻撃の手をゆるめず、ハワイのディフェンスは形ばかりだった。マラドーナとリッジーが完璧なパス交換でハワイゴールに攻め上がり、マラドーナがゴールすぐ近くにいるリッジーにクロスを送った。

リッジーが軽くさわってボールはネットを揺らした。

ピッチに歓喜の輪ができた。リッジー、マラドーナだけでなく、ハワイのゴールキーパーも加わって3人が熱く抱擁し、サイドラインでは私たちも跳ね回った。カレンは大声で叫び、コーチのロメオとデビッドはブブセラを吹き鳴らした。私は両手を突き上げた。主審が時計を見ながら、興奮が少しおさまるまで待って試合終了のホイッスルを吹いた。両チームのフィールドプレーヤーたちはゴールキーパーの後ろで整列した。ハワイの選手たちが緑の葉をつなげたレイをグラニーの首にかけた。ピッチから下がってくるグラニーたち一人ひとりにカレンが水のペットボトルを渡した。

試合後には定例になった歌とダンスの交歓が始まったのだが、ハワイのチームは驚いたことに持参してきたウクレレを伴奏に、有名なハワイアン・ソング「タイニーバブルズ」を歌って大いに盛り上げた。

忘れがたいあたたかな国際文化交流

「ヘイ、タムラット、バーベキューパーティーの場所はどこ?」。自転車をこいでいるヘザーの幼い息子に私は聞いた。タムラットは自転車を止めずに、木立ちのなかに数軒かたまって立っている住宅の方向を指差した。ヘザーの隣人たちが親切にも自宅を開放してくれて、大会終了後にホテルを出たグラニーたちは、2、3人ずつに分かれてホームステイすることになった。家が近い人たちをヘザーがホストファミリーに選んだおかげで、グラニーたちは全員が近いところに固まって滞在することができた。ほんの数日だが、グラニーたちはアメリカの家庭生活を経験できる。

住宅に囲まれた青々とした草地の中庭に50人ほどが集まっていた。いくつものテーブルにごちそうが並べられ、バーベキューグリルからはいいにおいが漂ってきて、持ち寄った庭椅子が30脚ほど周辺に置かれている。近所の人たち、レクスプレッサスのメンバーとその家族が、南アフリカからやってきたお客さんを歓迎するパーティーに集まった。

今夜私はツォンガの伝統的な衣装をまとった。昨晩グラニーたちから贈られたものだ。グリーン、ピンク、ブルーと栗色のストライプの大判のストールを片方の肩で結んでたらし黄色のビーズをちりばめたネックレスをつけた。ストールの真ん中にはスワジランドの王様、ムスワティ3世の顔がプリントされている。1986年18歳で即位したときの姿で、当時は世界で一番若い王だった。15人の妻を持ち、ぜいたく三昧な暮らしを送っていることで有名だ。ネルソン・マンデラとは大違いの支配者だが、グラニーたちからのプレゼントだからよしとしよう。

ヘザーが小声で私にささやいた。「この国際交流はご近所の人たちにもグラニーたちにとっても忘れがたいものになるんじゃない？」。ホストファミリーになってくれた人たちのなかには、グラニーたちに自分のベッドを提供して、自分は居間のソファで眠っている人もいるという。白人女性が自分たちのために寝床を譲ってくれると知って、グラニーたちは信じられないと面食らった。また、これまで白人と一緒に食事をしたことが一度もなかった、と朝食の席でグラニーから打ち明けられたホストファミリーもある。ヘザーからそんな話を聞いた私は息を呑んだ。ヘザーは目を大きく見張って、「忘れがたい国際交流」の意味をかみしめるようにゆっくりとうなずいた。ヘザーのご近所の人たちは、これまで黒人を自宅に招いたことがあったのかしら？　私は考えこんだ。

グラニーたちが宿泊している家庭は、アメリカではごく平均的な、どちらかといえば質素な住宅で暮らしている。だがグラニーたちの目には宮殿のように映っているのではないか。豪邸ではなく、一般的な家庭を見せて本当によかったと私は感じた。

ヘザーのつぎの報告には、笑ってはいけないと思いながら、思わず笑った。ご近所のひとりが血相を変えてヘザーの家まで走ってやってきて、「助けて！　あの人たち、英語が通じないのよ。バスタブのなかにいるんだけれど、どうしたらいいかわからない」といったそうだ。ヘザーがあわてて駆けつけて2階のバスルームに飛び込むと、グラニーがふたり、生まれたままの姿でバスタブのなかで銀色の蛇口やボタンと格闘したあげく、茫然と立ち尽くしていたそうだ。「お湯が蛇口から出てきたとき、グラニーたちは金切り声をあげたのよ。あれはきっと喜びの声だと思うわ」とヘザーがいった。

ベカは夫のマークと話していた。「チームの選手たちの年齢はどれくらいですか？」とマークが聞くと、ベカは「最年長は84歳です」と答えた。「その人はアメリカには来られませんでしたが、毎週練習には来ていますよ」。マークの母は80代でテニスに夢中だから、年齢に関しては彼には驚く話ではなかった。「でも理解していただかねばなりません。アメリカでは女性たちはサッカーができますよね。でも私たちの社会では女性がサッカーをすることはタブー視されています。チームを立ち上げる前、ここにいる女性たちは自分たちがプレーできるなんて夢にも考えなかった。学校に通う機会さえ与えられなかった人たちなのです」とベカは続けた。

そのときアリソンが声をかけた。「ベカ、いまベアトリスから聞いたんだけれど、南アフリカではあなたたちの試合時間は30分なんですって？　グラニーたちはこれまで90分間プレーしたことがなかったんじゃない？」。ベカはそうだ、とうなずいた。「まあ、どうしましょう！　私たち、ホストとしてとんでもないことやってしまった。時差ボケのうえにうだるような暑さのなかを、3日間立て続けに90分プレーさせてしまったなんて！

ああ、ベカ。あなたのチームの選手たちはタフすぎるわ」

レクスプレッサスのメンバーがまた何人か、手作りのサラダやデザートを持って到着した。ヘザーの夫がバーベキューグリルの前で肉を焼くのに奮闘している。テッサが私に「今日のゴーゴーズの様子はどう？」と聞いた。肩に重そうな撮影機材の入ったバッグをかけている。「ゴーゴーズって？」と私は聞いた。「ああ、ズールーの言葉でゴーゴーズっておばあちゃんたちという意味なの。愛情をこめた呼び方よ」。ゴーゴーズはコミュニティのなかで愛情を持って孫をしつける役目を担う年長の女性たちへの敬意を表した呼び方だ。結婚にあたっては彼女たちの承認が求められ、夫が亡くなったり家を離れたりすると、ゴーゴーズが家庭内のすべてについて決定権を持つ。

私にゴーゴーズについて説明している途中で、テッサは立ち上がり「ちょっと失礼。写真を撮らなくちゃ」とグラニーたちやレクスプレッサスのメンバーと子どもたちが集まっている輪のなかにカメラを持って入っていった。

ブルが私の手を取り、輪のなかに入れた。カレンも入った。グラニー・ジョゼフィーヌがいつものように短いフレーズを歌って先導し、私たちが続いてコーラスした。シャーウェイ、シャーウェイ！　膝を上げて足を踏み鳴らし、みんな笑顔だ。私と目が合ったカレンは満面の笑顔だった。

女性たちも子どもたちも加わって、輪はどんどん大きくなる。グラニーたちは「アメリカにやってくるまでの大旅行」についてのストーリーを歌い、私は一生懸命ダンスをまねた。ステップは簡単だが、どこで腕を振り上げて振り下ろし、ヒップを叩くのかがつかめない。アメリカ人グループも何曲かフォークソングを歌い、グラニーたちは指笛を吹き鳴らして喝采した。ゴーゴーズは、病気と闘う人たちを応援する歌で最後を締め括った。リッジーとアリソンが輪の真ん中で指揮をとり、最後はみんな笑って歌い終わった。

「肉が焼けたよ！」。ヘザーの夫が煙の向こうから声をかけると、レイナスがバケイグラ・バケイグラの全員を集めた。小さな輪になったグラニーたちは声に出して食前の感謝の祈りを唱えた。私も頭を下げた。祈りが終わると、ヘザーが宣言した。「さあ、いただきましょう」。テーブルには持ち寄ったごちそうが並んでいる。いつものように南アフリカの男性陣が最初に自分たちの皿に食事を盛った。もしかして、毒入りじゃないか確かめるために女性たちよりも先に食べる習慣があるのだろうか？

皿をいっぱいにした私は、ブルとベアトリスの間に座った。「それがパップよ」とベアトリスが私の皿にある黄金色のかたまりを指差した。ヘザーの隣人のひとりが、ベアトリスと一緒に店にいってとうもろこしの粉を買ってベアトリスが作ったのだそうだ。パップはグラニーたちの主食だ。「普段食べているのとはちがう味なの。材料が思い出せなかった」とベアトリスはいった。ひと口食べた私は、口当たりがやわらかく、甘くてナッツの風味があるその食べ物が気に入った。

夕闇が迫り、蛍が飛んでいる。ブルと私はおいしい食事をほおばりながらおしゃべりしたが、片言しか言葉が通じない同士の会話は楽しいチャレンジだと思った。午前中に行われた試合のこととか、お天気のこと、ブルの子どもたちのことなどを話した。カレンが撮ってくれたその日の写真で私がとくに気に入っているのは、ブルと私が並んで座り、驚いたように目を大きく見開き手を口に当てているブルに、私が笑いながら話しかけているものだ。私はツォンガの伝統的な衣装をつけて、ブルはTシャツにブルーのジャージーパンツをはいている。服装もふくめて、その日の特別な国際交流を象徴しているような写真だった。

グラニーたちの軌跡

Granny Bull

＊

グラニー・ブル

勇猛な戦士

「私は賢い女の子だった」とサッカー仲間からは「ブル」と呼ばれるアンナ・マセサ・ブーマは、額を指でたたきながら話し始めた。「5年生まで学校に通ったんだけれど、9歳か10歳のころ、やめてしまった。お金がなくて学校に行けなかったのは本当に残念。もし教育を受けていたら、私は医者になれたはず」

ブルは1943年1月10日に、リムポポ州にあるバーガースドープの小さな村で6人きょうだいの最初の子として生まれた。サッカー・グラニーズの多くの女性と同様、ブルも縄跳びや石蹴りが得意で、友だちと活発に外遊びを楽しむ子どもだった。「よく川に泳ぎに行ったよ。川遊びは大好きだった」。存分に遊ぶ楽しい子ども時代を過ごし、いやなことは徹底して拒否した。なかでも楽しさに水をさす男の子たちは嫌いだった。「ヘドが出るほど嫌いだったのは、男の子たち、それに悪さをする女の子たちだった。おばあちゃんがよく私たちに、いい子にしている女の子はすくすく成長して、結婚して、婚家で暮らすんだよ、と言い聞かせた。私はズボンをはくような女の子のいうことを聞こうとしなかった自分が誇らしいよ」

だが楽しい子ども時代はすぐに終わり、10歳になる前からブルの肩には一家を助ける責任がずっしりとのしかかった。「薪を集め、川から水を汲んでくるのは子どもの仕事だった」。お気に入りの仕事のひとつが、牛の糞から作った自家製のしっくいで家の床を定期的に塗ることだった。「糞に砂を混ぜてモルタルを作るんだ。それから平たくて表面がなめらかな石にする」とブルはいいながら、手を前後に動かしてモルタルを平らに延ばしていく動作をした。「平らになったらその上に糞だけを延ばして仕上げをする。そしたらきれいな床ができあがる」

母親を手伝って畑仕事もした。「父が持っているロバに母が鋤をつけて耕していき、長子の私が鍬で畝を作って種を撒く。ロバにはジェッシーとジャペズという名前をつけて呼んでいた。収穫も何もかも家族全員でやった。野草のアカザや飼っていた鶏や豚も食べた。実がなる季節になると、早起きして籠を持って、山に登ってライチーを採ってきた。子どもだって働かないと食べていけなかった」

ブルの父親は年金がもらえる年齢になるまで採掘会社でコックとして働いた。「父に仕事があったから、私たち家族は貧困に陥ることはなかった」という。

学校に通っていた数年間、ブルは勉強も友だちづきあいも楽しんだ。だが午後に学校から友だちとおしゃべりしたり笑いあったりしながら家に帰る途中で、一番力の強い女の子が喧嘩を売ってくることがあった。分かれ道に来たところで、その子が通せんぼうをして、地面に線を引き、「私と闘えると思う子だけが、この線を越えられる」という。お決まりの挑戦を、ブルは受けて立つのが大好きだった。「私は堂々と線を越える。それが格闘技の始まり。全力で闘ったよ」

ブルと友だちは格闘技を大いに楽しみ、やがて自分たちでムサングウェ格闘技クラブを作った。ムサングウェは南アフリカの伝統的な格闘技だ。「私たちはバーガースドープ出身の女の子たちでクラブを作って闘った」とブルは当時を思い出す。対戦相手となるグループとひとつの輪になり、それぞれのグループから一人ずつ輪の中央に出て一対一で格闘し、全員が対戦する。闘っているチームメイトを応援するために、女の子たちは激しい声援を送る。「あのころは本当によくムサングウェで闘っていたよ」とブルはいう。

最年長の娘だったブルは、学校をやめたあとに母と一緒に畑仕事に励んだ。仕事は厳しい労働だったが、休みの日のダンスが楽しみだった。「地域の大物がブラスバンドを持っていたので、私たちは毎週土曜日の午後に踊りに行った。夜遅くなる前に家に帰って眠った」。ブルはときどき新婚の友だちを訪ねて、夫の実家で暮らす友だちの家事の手伝いをした。「とうもろこしを挽いて粉にしたり、薪を集めたり、洗濯物や掃除をしたよ。お互いに助け合えるのが嬉しかった」

ブルが自分の家庭を持つ日がやってきた。1960年、17歳のときだ。自分で相手を選ぶわけではなく、家同士の話し合いで決まった。「夫と私は会ったことがなかった。男性が女性に愛しているなんていうことはあり得なかった。男性は自分のおばさんのところにいって、きれいな女性を見たと話す。そしたらおばさんが親戚の男性があなたのことが気に入ったといっているという。それがしきたり」。結婚を申し込まれると女性たちは祖母にアドバイスを仰ぐことがよくある。「たとえば女性が『おばあちゃん、相談できるのはあなたしかいない。どうしたらいいかしら』と聞く。そしたらおばあちゃんは、おまえはもう大人になったんだから、結婚するときだよ、という。そしておばあちゃんは男性のおばさんのところに行って、男性が女性のところに訪ねてくるようにと伝える。2週間ほどして、男性は女性の家を訪問する」

男性が魅力的でないと女性が思って、求婚を断ることがたまにある。そういうときもおばあさんがアドバイスする。「見てくれの悪い男性はおまえのことを大事にしてくれるよ。ハンサムな男はすぐにほかの女に目移りするけどね」

ブルが将来の夫となる男性の求婚を承諾すると、婚姻にあたって贈与財産について話し合われた。「私の場合、夫は115ランドを花嫁資金として支払った。米ドルで130ドルほどかな。契約が成立して、私は結婚することになった。私は不安がつのるばかりだったけれど、夫の家から私を迎える人たちがやってきた」。心は穏やかではなかったが、ブルは結婚式に出た。結婚を祝福する踊りと宴会が終わり、ブルは夫の家に迎え入れられて家事を手伝うことになった。

夫はヨハネスブルグで働いていたので、結婚式が終わるとすぐに街に戻った。だが南アフリカの黒人男性の雇用は不安定だった。「あのころ、黒人のための仕事はほとんどないに等しかった。夫も失業して家に戻ってきて、何年も仕事をせずに家でぶらぶらしていたから、私たちの生活はとても苦しかった」。何ヵ月も食べるものに事欠くようになると、ブルは母から教わった知恵で一家を支えた。

「畑を耕してとうもろこしを植え、実を粉にしておかゆを作って飢えをしのいだよ。モロホという野草もよく食べた。黒人男性のための仕事はめったにない。私ら黒人は生き延びるために自分たちでなんとかしなくちゃいけない。畑を耕して、収穫して、生きていくのが私たちにとっての仕事なんだ」

畑仕事に加えて、目端が利くブルは起業家精神を発揮して稼ぎ、家族を養った。「私にはビジネスの才覚が備わっているんだ。メドウズランドというヨハネスブルグ郊外にある黒人居住区に住んでいたとき、最初にビジネスを興したね」

1948年から、南アフリカでアパルトヘイト関係の法律がつぎつぎと制定された。そのひとつ、集団地域法によってヨハネスブルグの白人居住区と定められた地区で暮らしていた黒人家族は、警官に追い立てられ、家財道具をまとめてトラックに乗せられ、トイレも水道も電気もないお粗末な家が立ち並ぶ黒人居住区に強制的に押しこめられた。メドウズランドはそんな黒人居住区のひとつである。

「そこでの暮らしは過酷だった。私たちは追い詰められ、ついに私は生き延びるためにはビジネスを興すしかないと考えた。というのも、亡くなった祖母が私の夢枕に立って教えてくれたからなんだよ。墓地には亡くなった人の魂なんていないと嘘をつく人もいるけれど、そんなことは信じちゃいけない。先祖の魂は私らの前に現れて幸運を運んでくれる。だから亡くなった祖母が私の夢に現れて、ゴミ捨て場に行けといったときに、信じてそのとおりにしたよ」。ブルはまだ生きているもうひとりの祖母と一緒に、午前3時にゴミ捨て場に行った。さすがにその時間にひとりで行くのはこわかったからだ。「クリニックを通り過ぎたところでも亡くなった祖母を見たんだけれど、すぐに消えてしまった。その場にひざまずいて祈りを捧げたら、また亡くなった祖母が現れたからついていくと、ある場所を指差した。そしたらそこに粉ミルク缶があって、なかに丸めた1ランド札を輪ゴムでとめたものと、5シリングが入っていたんだ。翌晩、また亡くなった祖母が夢枕に立って、そのお金でタバコ屋をやれといった」。隣人がブルにタバコの葉を粉にする道具とふるいを貸してくれたので、それでタバコ屋を立ち上げた。

店の切り盛りだけでなく、家事や育児もブルはこなした。「タバコ屋を始めたのは、まだ最初の子どもを授乳中だったときだよ」とブルは当時を振り返る。赤ちゃんが生まれる前から、ブルは自分が母親になって子どもを育てることを想像して胸を躍らせていた。「何回も自分に聞いたよ。本当にこの私が子どもを産むのだろうかって。信じられなかったね」。ブルと夫はその後3人の娘を持つことになる。「私たちはいい家族だった」だがいいときは長く続かなかった。「夫が崩れ始めたんだ。崩れるっていうのは、男が家庭を捨ててロクでもない悪事に手を染めるっていう意味だよ。夫は家に帰ってこなくなった。たまに帰ってくると残業していたっていうんだ」

ブルはそんな嘘にだまされるほど馬鹿ではなかったから、家庭は荒れた。亡くなった祖母がまた夢枕に立って「あの男は別の女とつきあっているよ」と教えた。１９７７年のことだ。ブルはまだ34歳で、３人の娘の母親で、家族が安全に健やかに過ごせるために精一杯つくしていた。だが夫との緊張関係は耐えがたいほどになり、お互い敵意をむきだしにした。「ある日夫が帰宅して、私が教会に行くためにスイス伝道教会の礼服を着ているのを見て、その服を脱げと命じた。私が脱ぐとマッチをすって礼服を燃やしたんだ。それが私たちの激しい喧嘩の始まりだった。１９７９年まで、私たち夫婦は顔をあわせると喧嘩する日々を過ごしたよ」

その2年間、ブルの夫は家庭における絶対的な支配者になろうとし、妻が実家の冠婚葬祭に出席することさえ許さなかった。ブルはそのことに苦しんだ。「伯父が亡くなったとき、夫は私が葬儀に出るのを許さなかった。一番辛かったのは、父の死に目に会えなかったことで、私は打ちのめされた。葬儀にも行けず、私は落ちこんだ。心に深い傷を負ったよ」

まもなく喧嘩は妻への暴力へとエスカレートした。「夫は私を殴った。何回も、加減なしに殴りまくった。夫の暴力は毎晩続いた」。そう話すときブルは眉毛を上げ、目を大きく見開き、おもむろに口を開けてブリッジを外すと前歯４本がなかった。夫の暴力はひどくなる一方だった。

ある日、ブルはついに限界がきた。「夫がヨハネスブルグから深夜に帰ってきたとき、子どもたちも私も熟睡していたのでノックの音が聞こえず、すぐにドアを開けなかった。私がやっと気づいてドアを開けると、夫は家に入ってくるやいなやなぜドアを開けるまでこんなに時間がかかったのかとわめいた。夫が私を殴ったので、私も殴り返した。殴り合っているうちに私は倒れ、起き上がって座ろうとしている私を夫はなおも殴り続けた。そこで夫に、立ち上がらせてほしい、座っているときは殴らないでほしいと頼んだ。私は夫に、あんたは私を虐待している、もう我慢ならないといった。もし殴るのをやめないなら、きっと私を殺してしまうだろうともいった。そして荷造りして出ていくといったら、いったいどこに行くつもりか、そんな血塗れの犬みたいな姿で、と夫が聞いた」

その晩のことを思い出して、ブルはたかぶる気持ちを抑えるようにしばらく口をつぐんだ。「夫にいってやった。私は犬じゃないって」。もう修復できる関係ではなかった。自分は出ていかねばならないとブルにはわかっていた。「家を出なくちゃいけない。二度と戻らない。だから離婚した」

過酷な生活の重荷を一緒に背負ってくれる伴侶がいなくなることへの恐怖は、すぐに消えた。離婚が成立したあと、生活は劇的に改善した。「離婚してから、これまでに人生で味わったことがないほどの喜びを経験した。私は神に感謝した。もしあの男と一緒だったら、子どもたちにはよい未来は待っていなかったことを神はお見通しだったんだと思ったから」

虐待する夫との関係を断ち切って、ブルはもともと持っていた起業家としての才能をいっそう大きく開花させた。「離婚後、私は自分ひとりの力で、子どもたちの未来のためにあらゆることをやった。牛も山羊も飼った。子どもたちが学校に通う費用を捻出するために、家でお菓子を作って売る仕事も始めた。教育のない女の人生がどれほど過酷か、それがよくわかっていたから、娘たちには学校に通わせた」

3人の娘たちは成人し、すでに自分たちの家庭を持っている。「夫と安定した家庭を築いているよ。ひとりはアイルランドで暮らしていて、私に航空券を送って呼んでくれた。それまで飛行機に乗ったことがない人が大勢いるのに、飛行機で娘のいる外国に行けた。それは誇らしかったよ。でもやたらと自慢したりはしないよ」。ブルはそういって笑う。

いまブルには7人の孫と3人のひ孫がいる。孫娘のひとりは弁護士で、ひとりは医者だ。ブルがついになれなかった医者に、孫がなった。家族が成功していることに、ブルはこれ以上ないほどの幸せを味わっている。

ブル自身は小さなコテージにひとりで暮らし、それまでの波乱に満ちた日々と比較すると、ずっと落ち着いた生活を楽しんでいる。「孤独なんてとんでもない。私は神とともに生きている」。家族や他人の世話に明け暮れた日々を考えると、いまのブルは自分のことだけをやる日常だ。「家のなかも周辺もいつもきちんときれいにしている。朝起きるとまず家の掃除をして、午後にはお日様が沈む前に台所にモップをかけて、どこにも埃がないかをチェックする。ほかの部屋も全部ね」

起業家精神はまだ失われていない。ブルは不用になった布地を切りそろえて、ラグを作っている。「私は裁縫師を名乗ってもいい腕前なんだよ。ヨハネスブルグで暮らしていたときに縫い物を覚えた。女性が着ているきれいでおしゃれな服をよく観察して、服を仕立てて売っていたんだからね」

おだやかな心地よい日々の日課として欠かせないのが運動だ。「ときどき朝5時に起床して、ほかの人たちと一緒にレタバ病院まで歩いて往復する。病院は村から5キロ以上あるから、いい運動になるよね。私の歳ではかなりの長距離になる」

2007年、64歳になってまもなく、人生を大きく変える出会いがあった。「教会で礼拝後に、ひとりの女性が私たち何人かにグラウンドに来ないかと誘った」。バケイグラ・バケイグラからの誘いだった。「そこでサッカーを始めたんだ。そのころの私たちはいまより若くてね、サッカーをする人なんていなかったから、試合をすれば必ず勝ったよ」

すぐにブルの健康状態は改善し、自分に体力がついて、肩こりや首の痛みがまったくなくなったことを実感した。「サッカーは私を救ってくれた。からだに悪いところがどこもないんだ。薬をいっさい服用していないしね」

80代になったいま、ブルはサッカー・グラニーズの仲間たちとのコミュニティにより強く頼るようになっている。シオン・キリスト教団での礼拝とともに、サッカーは彼女の生活に張りを生んでいる。「もし信仰が馬鹿げて役に立たないものだと思っていたら、きっと私はいまごろアルコール漬けになって、堕落した生活を送っていたね」とブルは笑う。

神との関係はブルの人生に深い意味を与えている。「私はモノを信じていない。信じているのはエホバ、そして神の子キリスト。私は子どもたちに、聖書のヨハネがコリント人にあてた手紙にある『愛は寛容で、情深く、決して妬まない』という教えを説いてきた。人は他の人との関係のなかで人になるんだ」。互いにケアし、敬意をはらい、コミュニティを頼ってブルは生きている。「私の人生は信仰のおかげでうまくいっている。この歳になるまで私を成長させてくれた神への感謝を、私は心に刻んで生きていく」

第11章　乾いた大地に雨が降る

年老いたものたちが座っていて見えるものが、
若者たちは爪先立ちしても目に入らない。

——アフリカの格言

グラニーたちを安全に送り届けるために

チャールズ通りの坂道を走るバスの窓から、グラニーたちは外の景色を見ている。坂道沿いに立ち並ぶ店舗のショーウィンドウに陳列してある品々、歩道に張り出されたシェード、思わず入ってみたくなるおしゃれな入り口のしつらえ。ショッピング街を通り過ぎると、ボストンでも最高級住宅地のひとつであるビーコン・ヒルに入る。ビーコン通りの右手にある公園には、犬を連れた人たちがゆったりと散歩している姿が見える。左手に並ぶいかめしい豪邸は、レンガの外壁にツタが這い、黒光りするよろい戸を開け放った窓の前のバルコニーに、こぼれ落ちそうなほど花が咲き誇っている。何百万ドルもする高級マンションや邸宅が並ぶこの地区から、わずか数キロしか離れてないところには、ベッドひとつしかない部屋に家族全員が暮らしているみすぼらしいアパートが立ち並ぶ地区がある。同じ街に貧富の両極端が共存していることがグラニーたちには見えないことに、私は恥ずかしさと安堵の両方を覚えた。

ベテランズ・カップで出場する試合が終了し、グラニーたちは帰国前の数日をリラックスして観光を楽しんでいる。それが終わればグラニーたちは南アフリカに帰国し、私は忙しい日常に戻る。

バスがマサチューセッツ州議事堂前に停車し、おそろいの白いシャツにグレーのキャップをかぶったグラニーたちはぞろぞろとバスを降りた。大きく開かれた鍛鉄製のゲートを通り、白い花崗岩の階段を上った。そこは16年前の１９９４年、ネルソン・マンデラが普通選挙で大統領に選ばれたとき、テッサが南アフリカの国旗を振った場所だ。

私たちは豪奢な議事堂と議員会館を見学した。青々とした芝生が広がるボストン・コモン公園を見晴らすポーチで、州議会議員で黒人評議会のメンバーのひとりであるバイロン・ラッシングが私たちを出迎えた。ラッシング議員は、大佐に率いられた歩兵隊が行進しているポーチの壁のレリーフを指差していった。「マサチューセッツ州は19世紀のアメリカ南北戦争に従軍した黒人たちを称えてこのレリーフを制作しました。じっくり見てください。レリーフを制作したアーティストは黒人男性たちをスタジオに呼んでモデルにしたのです」

スタッフがマサチューセッツ州をかたどったピンをグラニーたちに配り、グラニーたちは厚意を寄せる人たちや友人たちからもらったピンですでに重くなっているシャツの上にそれをつけた。ベカには額に入った賞状が贈られた。そこには「勇気ある不屈の精神で、健康を害した人々や貧困に苦しむ人たちを救ってきたあなたの、並外れた献身の精神と忍耐力を称えます」と書かれていた。写真撮影のあと、グラニーたちは感謝をこめて返礼に歌を贈り、高らかな歌声が大理石のホールに響き渡った。

その後バスに戻ってボストン港の海岸、キャッスル・アイランドに向かった。港から大西洋を見晴らす海岸で、私はベカに、郊外にいけばもっときれいな景色を見ていただけるのだけれど、夏はハエが大発生しているのでここで我慢してね、といった。ベカは「いいえ、ここからの景色はすばらしいわよ。グラニーたちの大半はこれまで海を見たことがなかったから」と私をなぐさめた。グラニーたちのなかには膝まで冷たい水のなかに入ってはしゃぐ人たちもいたし、浜辺で貝殻やきれいな色の石を集める人たちもいた。今日の思い出にこの水を持って帰りたいというグラニーもいた。

浜辺にピクニックシートを広げ、鶏の串焼きと炊き込みご飯のランチを楽しんだ。私はベカの隣に座った。「私たちにとってローラーコースターに乗っているみたいな数ヵ月だったわ」と私は手を波を描くように上下させていった。「ビザが取れるかどうかハラハラし、飛行機の割安チケットがとれないといわれて落ち込んだ。でも最後に何もかもうまくいった。スポンサーが出してくれた金額とほぼ同額で経費が収まったとわかったとき、信じられない思いだった。これって奇跡よ！」。私は目を大きく見開き、ベカのほうを見た。「そうよ、奇跡よ。たいへんなときには、抱いた夢をけっして忘れないようにする必要がある。困難にぶつかったときは、あなたの耐える力が試されていると思わなくちゃ」。ベカは自分に言い聞かせるようにいった。「国に帰るときっと歓迎されるでしょう。晩餐会とか準備されているはずだけれど、私は出席しない。グラニーたちは出たらいいけれど、私は出ない」。声に苦々しさがにじんだ。「あの人たちは私を裏切った」。あの人たちとは、航空運賃を支払うといったん約束しながら、それを反故にした政府の高官たちだろう。「結局、私はあの国に酷い目にあわされた。あんなにたくさんの賞をもらってきた私をね」

私の心はベカを思って重く沈んだ。ひたすら与え続けてきたのに、それが報われていない。「私はベストを尽くしている」。疲れた声でベカがいった。「これまで大統領は私たちのことを誇りにしてきたというのに、最後の最後に私をがっかりさせた。私は怒っている。すごく怒っている」

なんといったらいいのかわからなかった。ベカに対する扱いはあまりに酷すぎると私も憤りを感じる。なぜベカがトロフィーを南アフリカに持ち帰りたいといったかがよくわかる。トロフィーは、政府の援助なしに自分たちはすばらしいことを成し遂げたという証なのだ。

「国に帰るのはうれしいけれど、ビザ取得を助けてくれた人にお金を払わなくてはならない。私が気がかりでならないのは、そのお金をどう工面しようかということ。それと空港からグラニーたちをそれぞれの住む村まで送り届ける費用のことも悩んでいる。到着は深夜になるし、空港周辺は犯罪多発地域。アメリカから帰ってきたと知ったら、スーツケースには金目のものがあるにちがいないと思われる」。ベカの顔が不安でゆがんだ。「私はグラニーたちを守らなくてはならない。無事に家まで送り届けなければならない」

私はがっくりと肩を落とした。「そのとおりね。グラニーたちが安全に家まで帰ることを、私たちも望んでいる」

グラニーたちはほがらかにおしゃべりし、ランチを楽しんでいる。大声で笑っているグループもある。ベカの挑戦がどれほどたいへんなことなのかを私はわかっていなかった。いまではたいせつに思うようになったこの人たちを、危険にさらすわけにはいかない。故郷の人たちにバケイグラ・バケイグラのアメリカ訪問は知れ渡っているのだ。私は胃が縮む思いだった。

「わかった、ベカ」と私は決意をこめていった。「みんなを安全に家まで送り届けるためにいくら必要？　タクシーを使えば安全？　タクシー代はいくらくらいかかる？」。私はベカと計画を練った。グラニーに男性の付き添いをつけて送っていくというのはどうだろう？　グラニーたちの出発前にタクシー代を全額集めるのは無理だとわかっていたが、旅行会社の南アフリカ・パートナーズは私たちに寄付を申し出てくれていたから、その寄付金をあてるのは可能なはずだ。旅行会社がベカに必要な金額を渡してくれるのではないか。まとまった金額を寄付してくれた人たちに連絡をとって、もう少し寄付をしてもらえないかと頼んでみよう。私たちもグラニーたちに何かがあったときのためにといくらか予備費をとっていた。それもあてることにしよう。

女性たちの互助組織がコミュニティを支える

貧困率が高いところでは犯罪件数も高い。だが無法行為がはびこる原因のひとつは、貧富の格差にある。また社会規範が外部の要因で崩されることで、無法行為は増えていく。貧困ゆえの犯罪を引き起こす外部環境の三大要因が、雇用機会の不足、教育の低水準に家庭崩壊だ。リムポポ州はこの三つの要因すべてがあてはまる地域だ、と私はわかり始めた。

離婚後に、お菓子を作って売ることでどん底に落ちることを免れたブルのように、機転の利く人たちはちょっとしたアイデアを形にして最悪の状態を回避しようとする。だがその日を生き延びられるだけのわずかな収入では、何か起きればたちまち行き詰まってしまう。家族の誰かが病気になって、極貧の生活を強いられる人たちは大勢いる。処方された薬を買う金がなければ、ちがう人に処方された薬でも、ちがう病気のための薬でもなんとか手に入れて服用することもある。

リムポポ州の貧困家庭では、家計が苦しくなると真っ先に削られるのが子どもの学校にかかわる費用だ。幼かったころベカは、自分の両親に貧しい子どもたちのために制服代を代わりに払ってあげてほしいと懇願した。将来安定した職業につくためには教育が必須だ、と子どものころからベカにはわかっていた。南アフリカでは中等教育まで受けた子どもたちの就業率は飛躍的に高くなるのだ。

だがそうわかっていても、今日の貧困の前に明日への展望は消し飛んでしまう。いますぐに賃金を得られる仕事が見つかると、学校に通うのをやめてしまう子どもが大勢いる。その結果、将来もっと高額の給与が得られる仕事につく機会が失われる。

南アフリカの貧困家庭が陥りがちな教育の機会喪失を食い止めようとするのは、コミュニティ、とくに近隣に住む女性たちであることが多い。南アフリカには「マニャーノス」と呼ばれる女性のための女性による組織がある。もともとは伝道者による祈りの場に集まった女性たちのグループだったが、不安定な経済状況や政治的な対立が続く南アフリカ社会で、困難にぶつかる女性たちが互いに助け合うための組織として広まった。マニャーノスで女性たちは、神だけが家族を救い、養う道を示してくれると確かめ合う。残酷なアパルトヘイト制度を終了させてくれるように、マニャーノスで女性たちが熱心に神に祈ったこともそう昔の話ではない。マニャーノスに属した女性たちは木の下に集まって祈り、編み物や料理などをし、一緒に食事をする。グループの誰かが悲しみに沈むと、集会で全員が祈り歌う。互いにアドバイスし合い、自分はひとりではないと知ることは慰めになる。コミュニティで共有する庭に草木や作物を一緒に植えたり、家族に何かが起こった家庭の子どもの面倒を見たりもする。互いに助け合うことで女性たちは自信をつけ、前向きに希望を持つことができる。

もうひとつ、女性たちが編み出した金銭面での互助制度が「ストックベルズ」である。グループのなかでお金を貯蓄しておき、必要になったら出す。ストックベルズのグループに参加した人は、よぶんのお金ができたときに預けておき、予想外の出費があった人に、貯めた資金を渡すかどうかをグループのみなで相談する。保険に似たストックベルズは、貧困を生き延びるための巧妙で賢い戦略であり、女性たちに自己管理の自信をわずかながらでも与えている。

ストックベルズと似ているが、目的がもっとはっきりした互助の制度が葬祭共済組合だ。メンバーは毎月何がしかを支払い、家族の葬式代が必要になったら引き出す。ストックベルズも葬祭共済組合も家族間のもめごとから女性たちを守ってくれる制度だ。高齢女性たちはほかの高齢女性を助けるために蓄えを共同の財布に預けておける。そうはいってもコミュニティによる互助のしくみにはリスクもある。メンバーが消えてしまうかもしれないし、出資しなくなるかもしれない。

１９９０年代半ば、失業率が高止まりし、最富裕層と最貧困層の格差が広がり、暴動が頻発し、ついにアパルトヘイトが終焉した時期、政府は黒人の60歳以上の高齢者に年金を支給することを決めた。年金は国の平均年収を超える額だったために、多くの高齢者たちはそれまで働いて得ていた収入よりも多くを年金で手にすることになり、高齢者が稼ぎ頭となって大勢の家族を養うほどになった。年金は乾いた大地に降る雨のように高齢者たちに安心を与えたものの、その額は高齢者が生きていくうえでの最低限の金額であり、大勢の家族を養うには十分とはいえなかった。年金受給者の多くは毎月支払われる年金を子どもたちや孫たちと分け合った。年金は本来救うはずだった高齢者ではなく、それ以外の人たちがあてにするものになってしまった。政府はまた育児支援金を母親に支給しているが、実際に孫の面倒を見ている祖母たちにはそのお金は渡らない。

高齢者年金も育児支援金もしばしば家族の醜い争いのもとになる。もっと悪いことに成人した子どもたちやティーンエイジャーの孫たちが、ときには暴力で年金を奪うこともある。生涯家族のために骨身を惜しまず働いてきた祖母たちが、やっと手にした年金が原因で家族から暴力をふるわれる、という話に私は衝撃を受け、吐き気がする思いだ。

アメリカの海岸で日光浴をしながら、穏やかにほほえむグラニーたちを見ながら、私は強く願った。なんとしてもグラニーたちを安全に家まで送り届けたい。ここまでやれば安心と思えるまで、あらゆる手段をとろう、と。

グラニーたちの軌跡

Granny Norah

＊

グラニー・ノラ

厳しい道

「サッカーをしている自分がとても誇らしい」というのはノラ・ムティレニだ。ンコワンコワに住む67歳（2021年インタビュー時）のノラは、妻、母、祖母であり、起業家でアスリートでもある活発な女性だ。「バケイグラ・バケイグラ設立当初から私はチームに加わった。それが私の人生を変えたね。それまでは疲れやすかったんだけれど、サッカーをするようになってから、からだは丈夫になって痛いところがなくなった。サッカーを始めて以来、私はずっと幸せだよ。チームの仲間はみんな姉妹みたいで、互いを気遣っている。だから人生がとてもうまくいっているし、心は穏やかだ」

ノラはずっと逆境の人生を歩んできた。生まれ育った家庭は貧しく、幼いときに亡くした父親は顔も覚えていない。「当然ながら、父がいないために暮らしはおそろしくたいへんだった。ひとりで私たち子どもを育てる母の肩には、背負い切れないほどの重荷がのしかかっていた。子どもが5人もいたからね。母は畑を耕してとうもろこしを植えていたので、なんとか食べていくことはできた」

南アフリカの主食であるとうもろこしを補うのは、家庭菜園で育てた野菜になるはずだったが、家族全員が食べられる量が収穫できないときには親戚や近所の人たち、ときには友人たちに食べ物を分けてくれるよう頼まなくてはならなかった。ひとりで子どもを育てるたいへんさをなんとか軽くしようと、男手を求めると生活はさらに厳しくなった。「父の死後、子育てが少しでも楽になるようにと母がつきあったパートナーは、誰ひとり私たちの生活をよくしてくれなかった。男たちは母を虐待した。ときには私たちの目の前で母は殴られて、その光景は私たちの心に深い傷を残した。母は子育てに本当に苦労したと思う」

当時、貧困家庭は家畜小屋を住居にしていた。そんな環境にあった子どもたちの例にもれず、ノラは母を助けて畑を耕し、薪を集め、水汲みをし、洗濯や粉挽きをした。だがノラは家事をやるだけではない人生を望んでいた。学齢期になったが「学校は男の子が行くもので、女の子は家事をする必要がある」といわれて教育を受けることは許されなかった。「あれはとてもつらかった」とノラは当時を振り返って眉をひそめた。「親が学校に行かせてくれたら、自分はもっと大きなことができるんじゃないかと思うから」。ノラは頭を振った。「学校に行かせないことは、子どもに対する罪だよ」

年長の女の子として、ノラは同じ年頃の友人たちと仕事を求めて、近くにある農場で働いて家計を助けようとした。「あのころ、私たちの暮らしはどん底だった。農場で働いて、自分たちがどれだけ酷い暮らしを送っているかがわかった」。ほんのわずかではあっても、ノラが働いてもらってくる賃金は一家の生活に欠かせなかった。そのころのノラの唯一の楽しみは、土曜日に踊りにいくことだった。友人たちと一緒に民族衣装を着てシグブという打楽器に合わせて踊る。「そうやって私は子どものころを過ごした」

年頃になると、ノラは男の子たちの関心を集めるようになった。「結婚したのは大昔さ。いつだったか正確なときはわからない。教育を受けていないからかな？」とノラは笑う。いつだったかは覚えていなくても、何があったかはよく覚えている。

「ある日、友だちと一緒にのんびり過ごしていたら、通りかかった男が、私のことが好きだっていった。それから1年間、その男はずっと私に求婚し続けたんだけれど、私は断っていた。地元の男だったから、私は好きになれないといったんだよ。住んでいる村のものではない誰かと私は結婚したかった」

求婚者はやがてヨハネスブルグで働くために引っ越したが、ノラに愛情をこめた手紙を寄越し、自分はけっして諦めないといってきた。ついにノラも返事を書いて、彼の求婚を受け入れた。すぐに彼の家の年配者がノラの家にやってきて、伝統に従ってノラとの結婚についての交渉を始めた。すでに顔見知りで、手紙のやりとりもして、2人の間で結婚の約束をしていたことはふせておかなくてはならなかった。彼の両親がノラに将来の夫となる息子の写真を見せた。「すぐさま私は、息子さんを愛していますと伝えたよ」

若い夫婦にとって生活は楽ではなかった。子どもが生まれて養う口が増えたというのに夫に仕事がなかったとき、夫の兄はヨハネスブルグから村に戻って家族のために働いたらどうかといってくれた。

結局ノラたち夫婦は7人の子どもを授かった。2人の娘と5人の息子だ。「やれやれだよ。生活はあまりにも苦しかった。食べるものがなくて、子どもたちがおなかをすかせていることがしょっちゅうだった」

南アフリカの人たちは「同じ釜の飯を食う」という言い方をよくする。コミュニティの人たちが互いに最低限の生活を支え合うという意味だ。「私たちは親戚と助け合ったが、それでも暮らしは厳しかった」とノラはいう。助けを求めることは気軽にできることではない。「私らは苦労して子どもを育てたよ」。夫は臨時の仕事を見つけて働き、ノラは地元の工場で働く一方で、中古衣料品を売るビジネスを始めて、大家族を養った。取材のときにノラが提げていたビーズのバッグは、家計を助けるために祖母が作って売っていたもののひとつだ。

そうでなくても苦しい生活が続くなか、息子のひとりが精神的な病にかかって、ノラは打ちのめされてしまった。

「私自身もうつ病になってしまったんだよ。もうどうしたらいいかわからなくなってしまった」。病んだ息子はコミュニティの人々から嫌悪の対象にされてしまう。そのことがノラの心を重く沈ませた。「アフリカの人たちの多くが、精神の病に侵されるのは魔女のしわざだと信じている。不安のあまり私の血圧は上がりっぱなしだ」

ノラは信仰にのめりこんだ。「人生で困難にぶつかるたびに、私はひざまずいて祈る。抱えている問題のすべてを神様に報告するんだ。神様への愛を感じていれば、私は幸せだ。私には信仰がある。神様の望みに従って生きていけば、人生はうまくいくと思う」

いまノラの子どもたちはヨハネスブルグやケープタウンで働いている。仕事が見つからない子どもたちは、ノラたち夫婦と一緒に住んでいる。夫と、成人した子どもたちと4人の孫と一緒にひとつ屋根の下で暮らすノラは、いつも忙しい。

「早起きして運動しているよ。ストレッチをしてから5キロジョギングをする。孫を風呂に入れて、料理をして食べさせる。孫を学校に連れていくのも私だ。合間を見て祈りたくなったら祈る。掃除も洗濯も私の役目。そうやって日々は過ぎていく」

孫たちには年長者を敬うようにと教えている。おばあさんのいない家は、行き止まりの道と同じですぐ行き詰まっちゃうよ、という。

「この年齢になるまで生きて、年金をもらっている自分が誇りだよ。毎月政府からいただくお金で、私は子どもたちになんでも買ってあげて、あの子たちを幸せにしてあげられる」

蓄えがあって、頼りになるコミュニティで暮らし、年老いても仕事をすることで、ノラはやっと家族の平穏な暮らしを手に入れた。

「人生で起こるあらゆることは、どれほどつらいことであったとしてもただ受け入れるしかないとわかってきた」とノラはいう。「たしかにたくさん苦労はしてきたけれど、どんなことも何か神様の意図があるにちがいない。だから私は受け入れると神様にいっているんだ」

知恵と受容と忍耐力をもってノラは人生を歩んでいる。

第12章　たくさんのゴールが決められますように

それでも人生は続くのかって？　そうだよ、人生は続くんだ。

——ママイラ・チャウケ・ノベーラ（サッカー・グラニーズのひとり）

優勝トロフィーを誇らしく掲げる

親友ブルが、自分の隣に座るようにと手招きして私を呼んだ。帰国の途につくブルとバスに同乗するのは、これが最後になる。
「17、18、19人……」とアリソンが人数を数えた。「全員乗車したわね」。2、3人がその声にはしゃいだ様子で拍手した。バスがエンジン音を響かせ、私たちはアメリカの女子プロサッカーリーグの試合を観戦するためにハーバード・スタジアムに出発した。

3年前の2007年、ボストン市はウィメンズ・プロフェッショナル・サッカー・リーグ（WPS）の発足に尽力した。女性のスポーツにつねに否定的な姿勢をとる人々の反対があって、リーグを継続的に維持していくためのスポンサーを見つけられなかったため、開幕は2009年となった。だが少なからぬファンの熱意に支えられてリーグは開幕にこぎつけた。メディアへの露出が十分でないとファンも集まらないし、チケット販売もふるわず、反対していた人たちの思う壺になってしまう。女性のスポーツは世紀をまたいでまだそんな闘いを繰り返している。だから私たちは、WPSに所属するボストン・ブレイカーズを精一杯応援して、勝利を願って声を張り上げる。

スタジアムに到着すると、待っていたスタッフがグラニーたちをVIP席に案内してくれた。フィールドの脇に設けられた席だ。ロイスがコネを使って席を確保してくれた。アリソンと私はレクスプレッサスの一団と一緒に一般席に座り、ホームチームのボストン・ブレイカーズの選手たちがチームカラーであるブルーと白のユニフォームでピッチに姿を表すと、応援の歓声をあげた。

プロの選手たちのパスの正確さや、シュートの強さに目を見張っていると、レクスプレッサスのチームメイトの一人が私の肩を叩き、スタジアムの大型スクリーンを指差した。

「ようこそ、南アフリカの女子サッカーチーム、バケイグラ・バケイグラ」というメッセージに続いて、フィールドサイドの席に座っているグラニーたち一人ひとりがアップでスクリーンに映される。アリソンと私は思わず立ち上がり、歓声をあげた。

そのときアリソンの携帯に着信があった。「ヘザーからよ。グラニーの一人が蜂に刺されて赤くなって腫れているって。消炎の塗り薬を持っている人がいないかチームの人たちに聞いてくれっていってる。病院にはできれば行きたくないからって」。私たちはみんな自分のバッグやポケットを引っ掻き回した。するとチームメイトの一人が抗ヒスタミン剤を見つけ、アリソンに手渡した。アリソンは飛ぶような勢いでフィールドに駆け下りていった。戻ってくると、薬に反応して蜂刺されはなんとかおさまったとのこと。みなほっと胸をなで下ろした。

ハーフタイムにロイスがフィールドにおりて、ベカの前にマイクスタンドを立てた。持ってきた巨大なキャンバス地の袋を傍らにおろすと、指笛を鳴らしてスタンドの人たちの注目を集めた。

「お集まりのみなさん」とロイスは観客に呼びかけた。「しばらくこちらをご覧ください。今夜、特別ゲストをお招きしています。南アフリカからはるばるやってこられた女子サッカーチーム、バケイグラ・バケイグラのみなさんです」

スタンドから歓声があがった。

「今週、こちらの女性たちはベテランズ・カップに出場なさいました。ベテランズ・カップはアメリカ最大の成人のためのサッカー大会で、1年に1回開催されています。そしてここで栄誉なことに」とロイスは言葉を切ってかがみ、キャンバス地の袋からおもむろに何かを取り出した。立ち上がったロイスの手には黄金色に輝く高さ60センチほどのトロフィーが握られていた。「2010年、ベテランズ・カップ、65歳以上の女性部門の優勝トロフィーをバケイグラ・バケイグラに授与いたします」

私は目を疑った。トロフィーに巻かれた赤、白とブルーのリボンが風にはためいている。ベカがぜひとも南アフリカに持ち帰りたかったものだ。完璧だ。何が起こったか理解したグラニーたちは、飛び上がって大騒ぎだ。ロイスは優勝トロフィーをベカに手渡し、ベカは満面の笑みを浮かべて両手でそれを受け取った。アメリカにやってきてから、ベカのこれほど嬉しそうな笑顔ははじめてだ。

グラニーたちは歓声をあげ、涙を流し、ブブセラを吹き鳴らした。テッサは歓喜のシーンを残さず写真に撮ろうと走りまわっている。グラニーたちはトロフィーを掲げるベカのところに駆け寄り、一人ひとりトロフィーとベカと一緒に写真を撮ってもらっている。ブルは黄金のトロフィーにキスをしていた。

私もフィールドに駆け下りた。「ロイス！　素敵すぎる！　でもどうやってトロフィーを手に入れたの？」と聞いた。ベカがトロフィーを持って帰りたいと熱望していることを聞いたロイスは、65歳以上の部門の優勝候補チームに頼んだ。「最初はトロフィーを貸してもらって写真を撮らせてくれないかと聞いたの。ところがそのチームは優勝できなかった。もうどうしようかと思ったわよ」。ロイスはそこで優勝チームのキャプテンのところに話をしにいった。するとチームが「喜んでグラニーにこのトロフィーを渡したい」といってくれたのだという。「グラニーたちの意欲と熱意はこの大会の優勝チームにふさわしい」といって。意欲と熱意は、ベテランズ・カップの選手たちが尊ぶ言葉だ。

「なんてすばらしい話なの！　ベカがトロフィーを持って帰ることにどれほど大きな意味があることか。トロフィーを家族に見せられて、グラニーたちはどれほど誇らしいか」。ベカの居間にトロフィーが飾られた光景が、もう私には目に見えるようだ。ベカがこれまで授与された数々のトロフィーのなかで、ひときわ輝くにちがいない。グラニーたちのアメリカ滞在の最後を飾るのに、これほど完璧なフィナーレはない。「ロイス、あなたにMVPの称号を贈りたい」という私の声は、感激でふるえていた。

こんどは南アフリカで会いましょう

翌朝、ヘザーの家の車庫の前に山のように寄付の品々が積まれ、いまにも崩れそうになっていた。レクスプレッサスのメンバーをはじめ、隣近所の人たちや善意にあふれた知り合いたちから寄付として、スーツケース、衣服、サッカーウェア、下着、はては小型のサッカーゴールまで集まった。親をエイズで亡くした孤児たちや、グラニーたちが育てている孫たちのために子ども服を持って帰りたいというベカの希望で、子ども服もたくさん集まった。寄付の品々をグラニーたちが持ち帰らなくてすむように、南アフリカまで船便で送ろうと調べたのだが、送料があまりに高いとわかってあきらめた。グラニーたちが持ち運びできるようにできるだけコンパクトに梱包して、どうしてもスーツケースに入らないものは地元の慈善団体に寄付することにした。

ヘザーが使っている体重計が車庫の前に置かれ、グラニーたちが並んで寄付の品々をつめこんだスーツケースを一人ずつ計量した。23キロ前後の荷物にはヘザーがグリーンのテープを貼った。それ以上重ければロイスとアンが荷物を減らし、軽ければもっと重いものと替えた。

荷物の準備ができたところで、ヘザーが私たちを並ばせた。いよいよお別れの儀式だ。

ベアトリスが最初に前に出て、レクスプレッサスにサッカーボールを贈呈した。ボールには「たくさんのゴールが決められますように」と書かれ、グラニーたち全員のサインが入っていた。「もったいなくてこのボールはとても蹴られないわ」と私はありがたく受け取った。ヘザーの近所の人が、グラニーたちが滞在中に撮影した写真のアルバムをベカにプレゼントした。

贈呈の儀式が一段落したところで、一瞬全員が沈黙し、私はまたこみあげてくるものを感じながら一歩前に出た。サッカー愛を共有するということだけで、大西洋を渡ってきてくれた人たちへの思いで胸がいっぱいだった。女性が、それも高齢者がサッカーをするなんてとんでもない、という社会の圧力と闘い、サッカーをすることで心もからだも強くなり、背筋を伸ばして困難に立ち向かう顔つきになった女性たち。そんなグラニーたちと出会ったことで、私は変わった。

「みなさんをここにお迎えできて、私たちがどれほど嬉しかったか、言葉にできないほどです。あなたがたは私たちに生きることの情熱を教えてくれました」。そこで私は一段と声を張り上げた。「私たちはあなたがたと一緒にボールを蹴って本当に楽しかった。いまお別れをいわなくてはならないのがつらいです。でも今度はぜひ南アフリカでお会いしましょう。だって私たちはサッカー・シスターズなんですから」

ベアトリスが通訳し終えると、グラニーたちは喝采した。だが私にはまだいいたいことがある。

「みなさんが到着なさったとき、空港の床にひれ伏して私たちへの敬意と感謝を表現なさいましたよね。そこで今日は私たちが同じように、みなさんへの敬意と感謝を示します」。私はひざまずき、地面につくまで頭を下げた。ロイス、アン、ヘザーとアリソンが、まるでリハーサルをしてきたように同じようにひざまずいてひれ伏した。数秒後に私が頭をあげると、グラニーたち数人も同じようにひざまずいてひれ伏していて、ほかのグラニーたちは拍手をしていた。私の目に涙があふれたが、ロイスも涙をぬぐっていた。立ち上がると私は輪を外れて落ち着きを取り戻そうとした。肩に手が置かれ、振り向くとベカだった。


いよいよ出発の時間となった。

「ベカ。ありがとう。グラニーたちをアメリカに連れてきてくださって、本当にありがとう」

私がそういうと、ベカは私の両肘をつかんで、私の目をまっすぐにのぞきこんだ。

「来年、必ず南アフリカに来てね。来年よ。それが私の夢なの。そうしてくれたら、本当に嬉しい」。ほほえみを浮かべてそういうベカの声は力強く、落ち着いていた。

私たちはお互いの腰に手を回し、輪のなかに戻った。

「みなさんが南アフリカにいらしたときには、グラニーたちと一緒に歓迎します。何かすごいことをやりますからね。みなさんは来年、ただ来てくれるだけでいい」。ベカはそこで言葉を切って私のほうを振り向いた。「ジーン、あなたの尽力にお礼をいいます。大西洋の向こうがわから私たちのことを信じて応援してくれた最初の人よ。グラニーたちは生まれてはじめて飛行機に乗って旅をしました。人生初の冒険です。みんなアメリカにやってこられて大興奮で、とても幸せに過ごしました。本当にありがとう」

私は流れる涙をぬぐいながら、笑顔でうなずくばかりだった。

ベカはレクスプレッサスのメンバーやファンたちのほうを向いた。

「私たちはこれからも連絡を取り合いましょう、あなたがたは私たちのシスターですから」。力強い声で、しっかりとうなずきながらいったが、その声には疲労の色と、帰途の不安が感じられた。アメリカにやってくるというゴールは達成したが、グラニーたちを無事に送り届けるというつぎのゴールがある。

ヘザーが空港まで送っていく予定で、空港には行かない私はそこで最後のお別れをすることになっている。男性たちと握手し、グラニーたち一人ひとりを抱きしめた。最後はブルだった。私はブルの手を握り、お別れしたあとどれほどさびしくなるかといった。ブルはほほえみ、眉毛を上下させて、喜びと悲しみの両方を表現した。私も同じ気持ちだ。振り向かないで自分の車まで行った。エンジンをかけるまでしばらく時間が必要だった。涙が止まらなかったからだ。

私たちはすごいサッカー・シスターズだから

その夜ヘザーが電話してきた。家族と一緒に夕飯後にアイスクリームを食べに出かけていたときだった。グラニーたちの旅立ちの様子をヘザーは伝えてくれた。男性たちはヘザーの近所に住むダンという男性の家に宿泊していたが、いよいよ黄色いスクールバスに乗り込もうというとき、グラニーたちのコーチであるロメオがダンと別れがたく、大泣きしたそうだ。ダンはロメオの肩に手を回し、バスまで一緒に付き添ったとのこと。いつものように男性たちが最初にバスに乗り込み、最後部の席に座った。グラニーたちの荷物を思いっきり詰め込んだスーツケースを、狭いバスに運び入れるのにヘザーはひと苦労した。

「そういえば、グラニーたちが参加チームからバッジをたくさんもらったでしょ？　グラニーのひとりがもらったバッジ全部をシャツにつけてたの。保安検査場を通るとき、金属探知機に引っかかってピンを全部外さないと通れなかったのよ」

「それ、受けるね」といって私たちはひとしきり笑った。

「それでヘザー、お別れをいうのが辛くなかった？」

「そう、悲しかった。でも正直いうと、ちょっとほっとしたかな」。そういうヘザーの気持ちが私もよくわかった。濃密な1週間だった。でも深刻なトラブルがひとつも起きずになんとか終わったことに私たちはちょっとびっくりしていた。

「ヘザー、この旅が成功したのはあなたのおかげよ。最後の最後まで、グラニーたちの旅のあらゆることに目を配ってくださって、ありがとう」

「いつもいってるでしょ。私はすごい女性たちと一緒にサッカーを楽しんでいるって。でもどれほどすばらしい人たちであるかが、今回のことであらためてよくわかった。助けを求めたら、最低でも3人がすぐに手を差し伸べてくれたから」

「シスターはお互い助け合うものだからね」。私がいった。

「そう、私たちは助け合うシスターズだから」。ヘザーが同意した。

1週間後、カトリーヌ、アリソンと私はヘザーの家のダイニングテーブルに座り、ボールペンを手に、グラニーたちをアメリカに呼ぶプロジェクトに寄付や手伝いをしてくれた人たちへのお礼の手紙の発送に奮闘していた。

「レキシントン・ミヌットマン紙の記事を見た？」。私は財布から地元紙の切り抜きを出して、お礼のカードの山の上に置いてみんなに聞いた。ひとりのグラニーがブブセラを片手に、私を笑顔で抱きしめているカラー写真だ。

「ああ、見たわよ」とヘザーがいった。

アリソンが新聞を取り上げて「ベカのこの言葉がいいじゃない。『私は自分の人生ですごいことが起こるとわかっていました。そしていま、これからもっとすごいことが起こると信じています』だって」

「その言葉通りの人生を送っているわよね、ベカは」とカトリーヌがワインの栓を抜いて、グラスに注ぎながらいった。「グラニーたちに乾杯！」とグラスを掲げ、「私たちにも乾杯！　末長く健康でいられますように」

ベカがメールを送ってきた。グラニーたちは全員が無事に家に帰り、誰もがトロフィーに感心している、とのこと。持ち帰った衣類をもうあちこちに配っているし、住むところがなくて困っている家族のために家を建てているそうだ。来年はぜひ南アフリカでみなさんに会いたいと繰り返し書いてきた。

「私は行く気満々よ」とヘザーはみなを見回しながらうなずいた。だがまずはお礼状の発送からだ。カードの一面にはベテランズ・カップでグラニーたちがサッカーをしている写真があり、あけるとカール・サンドバーグの「まず夢を見ないと、何も起こらない」という言葉が書かれている。カードをまわしながらサインを入れていった。

「南アフリカから19人もアメリカに招待しようと考えるなんて、いま振り返るととんでもない狂気の沙汰だったわね」とヘザーがいまさらながら驚いたようにいった。「そんなことができるなんて、私たち、いったいどうして思ったんだろうね」

「何か問題が起こるたびに、グラニーたちをがっかりさせるわけにはいかない、ここであきらめることはできない、という気持ちに立ち返ったのよ」と私がいった。

「ねえ、私たちっていいチームよね」とアリソン。

「いっそのこと、つぎは南極のチームを招待しちゃったりする?」。そういってヘザーが笑った。

Part THREE
もっともっとゴールを

地球上で人々をまとめる力があるものは
たったひとつ、サッカーだ。

——ネルソン・マンデラ

第13章 南アフリカでグラニーたちに歓迎される

ンコワンコワは小さい町だけれど活気があり、住民たちはみな親切です。でも、人々は平等ではありません。藁葺きの小屋の隣には、大きくて立派な家が立っていますし、文化的背景もさまざまです。

——ベアトリス・ンイェエティ・シャバララ（サッカー・グラニーズのひとり）

サッカー・シスターズの再会

アフリカ大陸最南端、南大西洋とインド洋の分かれ目から1905キロ北東に上がり、リムポポ川がうるおす深い森と禁猟区の間に位置するのが、非白人居住区だったンコワンコワである。人口は2万2484人（2011年当時）。碁盤目の通りの両側に立つ建物はほとんどが平屋で、コンビニ、郵便局、食料品店といった店の壁は鮮やかな赤、黄、青に塗られ、窓には鉄格子の代わりに焼き網が打ち付けられている。コンクリートのブロックを積んだ「チキン・マイアミ」というレストランには入り口前にトタンの日よけが張り出され、すべてが赤と緑にペイントされている。そこから5分ほど歩いたところに、スタジアムがあった。緑の芝が敷かれたグラウンドでは、南アフリカの国民的スポーツであるサッカーの試合に地元の人たちは熱狂する。

雲ひとつなく晴れ渡った8月の朝、カトリーヌがスタジアム前の駐車場にレンタカーを停めた。グラニーたちがアメリカを訪問してから1年1ヵ月後のことだ。すでに100名以上の女性たちが集まっていた。女性たちが身につけているまぶしいほどの原色のスカート、ヘッドスカーフ、ストール、腰布が私たちの周囲で渦巻いた。

「グラニーがこんなに大勢！」と私は大声で叫んだ。

アメリカからカトリーヌと私とともに南アフリカ遠征に同行したのは、ヘザーの一家、アリソンの一家、私の年長の娘のカレンだ。私たちは女性たちの熱狂的な歓迎に圧倒されてたじたじだった。見知っている顔が見つからないと見回していたら、親愛の情を満面に浮かべて立っているリッジーを見つけた。「リッジー！」私は両腕を広げて小柄な友人を抱きしめた。

こんな嵐のような歓迎を受けたのは、人生初だ。近隣のコミュニティから集まったグラニーたちがブブセラを吹き鳴らし、吠えるように歓迎の言葉を叫んでいる。その真ん中にママ・ベカが立って、指揮をとっていた。アメリカと南アフリカのサッカー・シスターズの再会の模様を、何台ものカメラが写真におさめていた。ヘザーの息子で6歳のタムラットは恐れをなして車から出てこようとしなかったが、ヘザーが抱き上げて群衆のなかに連れてくると、グラニーたちはいっせいにタムラットに話しかけてあやした。赤みがかったブロンドの7歳の娘サムには、一緒に写真を撮ろうと大勢のグラニーたちが群がった。

私は人混みをかきわけてベカのところに行った。ベカは私の両手を包み込むように握りしめ、「私のシスター、お会いできて本当に嬉しい」といった。癌との終わりのない闘いを続けているベカが、いまは健やかに元気で過ごしていことを確かめたくて、私は目をまっすぐにのぞきこんだ。穏やかで力強いその視線を見るかぎり、ベカは元気だと私は自分を安心させた。ベカに会うことを自分がどれほど心待ちにしていたか、そのときあらためてわかった。

ベカは私にからだを寄せて「道中は十分に気をつけて運転した？　事故なんかなかった？」と聞いた。ヨハネスブルグに日が暮れてから到着する便だと知って、ベカは私たちが搭乗する前から心配した。「信号が赤でもぜったいに停車したらだめ。田舎道で道路脇に車を停めたりしてもだめよ。茂みから人が飛び出してくる危険があるから」

カージャックは南アフリカじゅうに蔓延している、とベカは忠告した。車の後ろから追突されて、状態を見ようと車を降りたら、たちまち別の誰かが車に乗り込んで奪ってしまうという手口もあれば、事故を装って手を振って車を停車させ、運転者が手を貸そうと親切心を起こして車を停めたら奪われることもある。人を信じやすい私などは、そんなトリックに簡単に引っかかってしまいそうだ。ベカは私たちに、街中では車のドアは必ずロックして窓を閉め、何があっても開けてはいけないと厳重に忠告した。私たちは、心してその忠告に従う、とベカを安心させ、ヨハネスブルグに到着した最初の夜は信号無視で街中を走り抜けた。

幼児を抱いた若い女性が進み出て、24歳の自分の娘、ンクヘンザニだとベカは紹介した。「ツォンガの言葉で優雅という意味の名前よ」とベカは誇らしさに顔を輝かせていった。近くにいるカレンを手招きして呼び、私はベカとンクヘンザニを紹介した。「この子は誰なの？」とカレンはンクヘンザニに抱かれた子どもに手を伸ばしながら聞いた。「私の妹のレネイルウェ。名前は『天から授かった』という意味よ。2歳になったところ」と子どもをやさしくあやしながらンクヘンザニは答えた。「私たちにはとてもすてきなママがいるわね」。その意見に私に異論はない。

南アフリカでは生まれてきた子どもに意味をこめた名前をつける。ネルソン・マンデラは生まれたときにホリシャシャ・マンデラと名づけられた。ホリシャシャとは「木から枝を折る」、ひいては「面倒を引き起こす」という意味だ。白人が支配するアパルトヘイト政権に、果敢に抵抗運動を繰り広げたネルソン・マンデラの生涯を予知していた名前だった。

南アフリカだけでなくアフリカ大陸に、全土に名前を神聖なものと考える伝統がある。名前は単なる記号ではなく、魂と精神の象徴と考えられている。ときに誕生したときの出来事にちなんで名前が選ばれる。家族の誰かが死んだり悲劇に襲われたりしたときに生まれた子どもは、「安らぎ」という名を与えられる。または男子ばかりが続いて生まれたあとに、やっと生まれた女の子は「私たちは待ち望んでいたよ」とされる。私は長女の名前を、ただ「ケアリング＝思いやり」という音からカレンとした。

そんな話をしているときに、私は全身で喜びをあらわしているブルを見つけた。「だいじな友だちがいた！」と私は叫び、ブルのところに駆け寄って「元気？」と挨拶した。「会えて嬉しい、嬉しいよ」とブルは私をしっかりと抱きしめた。「来て、来て」と私とカレンの手を取り、スタジアムを通り抜けたところにあるグラウンドに連れていった。動画で何回となく見た、グラニーたちの練習場となっている乾燥した埃が舞うグラウンドだ。連なる丘が遠方にのぞめる。２本の木の陰にテーブルが置かれ、椅子が並べられていた。ブルが椅子に座るように示したが、私は地面に敷かれたシートの上にみんなと一緒に座るほうを選んだ。

自分がいま南アフリカでグラニーたちと一緒にいることに現実感がない。夢を見ているようだ。グラニーたちが昨夏、ボストンから帰国の便に搭乗したその日から、私たちは南アフリカ行きを計画してきた。ふとひらめいたことから幸運が積み重なって、南アフリカのサッカー・グラニーズをアメリカに招待できた。私たちの南アフリカ旅行も、ガイドブックの観光案内をなぞるような旅にはしたくない。グラニーたちに会う前に、まず３日間サファァリを楽しんだ。動物たちの野生の姿を見て、美しい南アフリカを導入として見ておく。でもキリンが高い木の葉をむしゃむしゃと食べる姿を見ることと同じくらい、ベカとグラニーズたちとの再会はこの旅を忘れられないものにしてくれるはずだ。

ベカは私たちが自国を訪問することを切望していた。私たちのほうでスケジュールを組むからと何回いっても、ベカは私たちのために特別なプログラムを用意しているといい張り、でもその詳細は教えてくれなかった。必要な衣類について聞くと、「そんなのいいから、とにかく来て」という。何事もすべてきっちりと計画したいタイプの私なのだが、べカのその言葉に促されて、今回は何が起こるかわからない冒険に身を委ねよう、ありえないことが起こることを楽しもうと自分を励ました。ベカとグラニーたちは私たちが計画したことをすべて気持ちよく受け入れてくれたのだから、今度は私たちがそうする番だ。

「アメリカからお越しくださったみなさんを歓迎します」とベカの力強い声が人々を静かにさせた。「みなさんの南アフリカでの滞在を特別なものにしたいと考えています」。そういうと、ベカはお揃いのスカートにビーズのヘッドバンド、ネックレスとアームバンドをつけて一列に並んだ女性たちに合図をした。太鼓を抱えた2人が刻むリズムにあわせて行進してくると、女性たちは私たちの前に進み出て地面に座った。もうひとつの女性たちの集団が輪を作って最初の集団を囲み、歌って踊り始めた。太鼓のリズムが早くなり、踊りのペースもあがった。原色の渦を巻くスピードがどんどん速くなる。そのパフォーマンスを見ているうちに私は魔法にかけられたようにくらくらと渦のなかに引き込まれそうな気分になり、思わずカレンの手をしっかり握った。

シベレイニという腰を振る南アフリカの伝統的なダンスは、「そのリズムにがつんと殴られる」といわれるほどインパクトのある音楽に合わせて踊られる。色とりどりのフリルがついたスカートは、腰を振るリズムに合わせて波打つようにデザインされている。シベレイニはツォンガの女性たちによって代々長く受け継がれてきたダンスだ。

ツォンガの伝統的なダンスはすべて、暦の節目ごとに演奏される音楽に合わせて踊られる。たとえば種まき時期には豊作を祈る歌に合わせて、鍬を使う振りを入れたダンスになるし、草むしりや刈り入れの時期にはそれにちなんだ歌に合わせて振りがつけられている。畑の収穫が終わると、牛たちを放牧し、その糞で土壌を豊かにしてくれることを願う歌を伴奏に踊られる。長い冬の間は、暖をとる火の前で子どもたちのために歌でお話を語る。人生の重要なイベントにもダンスはつきものだ。割礼、思春期から成人への通過儀礼、そしてもちろん結婚の儀式だ。季節の移り変わりや人生の節目を、音楽と踊りが刻んでいく。

乾燥芋虫と結婚披露宴

私たちの前で踊り子たちは静止し、太鼓も沈黙した。ホストたちは私たちの反応をうかがい、私たちは拍手して口笛を鳴らした。ベカは女性たちが用意した昼餐に私たちを招待した。木陰に折りたたみ式のテーブルが広げられ、大皿には新鮮なトマト、マンゴーとアボカドが盛られている。ベアトリスがアメリカで私たちのために作ってくれた南アフリカの郷土食、パップもある。乾燥とうもろこしを挽いた粉をといたおかゆだ。そういえばべアトリスの姿が見えない。どうしたのだろう？

ブルが私の手をとりテーブルのところに連れていった。アリソンとカトリーヌの後ろに並んで、美しく盛られた名物料理をつぎつぎと自分の皿によそっていった。とそのとき、芋虫を乾燥させたようなものが入っているボウルの前で私の手が止まった。

「これ、食べてみない？」といたずらっぽい顔でカトリーヌが私に聞いた。その皿には死後硬直して丸まった黒い芋虫が1個のっている。

「うーん、遠慮したいけれど、そしたらおいしいものを逃してしまうことになる？」

「それ、モパネワームっていうのよ。試してみなさいよ」とアリソンがほがらかに勧めた。

カレンと私は顔を見合わせた。旅の仲間たちは皿にとった乾燥芋虫を、おもしろそうに口に放り込んでいる。私だって南アフリカの人たちの文化やもてなしを尊重して受け入れたいとは思っている。何よりも、この旅ではできるかぎりたくさんの新しいことを体験するつもりだ。私は迷いを振り切り、勇気をふるい起こして、生きている間は元気そうだった芋虫をボウルから2匹つまみ、ひとつをカレンの皿に入れた。

「さあ、食べてみるわよ」。ソーダ缶を片手に、私は芋虫を口に放り込んだ。カレンも続いた。外側がこげたように黒い芋虫を噛むと、薄い皮がはじけたとたん、突然草をかんだような青くさい液体が口いっぱいに広がった。精一杯笑顔を作ろうとしていたのだけれど、おそらく見ている人たちが期待していたような反応は浮かべられなかっただろう。ひと嚙みすると、私はすばやく呑みこんでソーダで流しこんだ。

ブルが目をきらきらさせて私の顔をのぞきこんだ。「……お、おいしいかも」と私は細い声でいった。「そう、おいしいのよ」とブルは笑っていって、芋虫をふたつ続けて口に放り込んで嚙みくだいた。

モパネワームはヤママユガ科の蛾の幼虫で、白と黄のストライプの胴体で背のところに黒い線が通っている。モパネというマメ科の木の葉を食べて育つことからその名がついた。成長するとオレンジ、茶と白の羽に4つの目の模様がついている大きな蛾になる。モパネの木がはえているところにはモパネワームがいて、女性や子どもたちは木を探して幼虫をとって集めてくると、虫が吐き出した緑色の粘液を取り除き、日に干して乾かす。タンパク質と鉄分をふくむモパネワームは、南アフリカの人々の一般的なタンパク源で、何ヵ月も貯蔵できる保存食である。

どうしてもモパネワームになじめなかった私だが、そのほかの料理はどれもおいしく味わった。食事中にグラニーたちは私たちを楽しませるために試合をした。チームは赤と白のユニフォームを着て、試合前にまず何曲か歌を披露し、ゴールを決めると祝福の歌を歌った。サッカーボールを追いかけるよりも、歌って踊るほうを楽しんでいるみたいだった。マサチューセッツのピッチでグラニーたちの試合を見たときも感じたが、サッカーを心から楽しんでいる姿が私は大好きだ。

試合が終わるとベカが、アメリカから来た人たちも一曲披露してくれと私たちにリクエストを出した。用意していなかったのでとまどったが、相談して誰もが知っている童謡を披露することにした。

新しい友だちを作ろう
でも古い友だちもたいせつに
片方は銀色
片方は金色

2回続けて歌って、カレンに遅れて入って輪唱するように促し、みんなでもう2回繰り返した。練習していなかったし、合唱はうまくできなかったけれど、グラニーたちは大喜びで喝采してくれた。

「さて、これからみなさんをびっくりさせるイベントがあります」とベカは満面の笑みを浮かべていった。「少しドライブしますからね」

ベカの先導で私たちも車に乗りこみ、いったい何があるのかとわくわくしながらンコワンコワの道を走った。教会前の広場に、巨大な白いテントが張られているところまで案内された。駐車場に車を停めた私たちは、促されるままにぞろぞろと歩いてテントのなかに入った。いったい何があるというの？

なかに入ると、正装のスーツやドレスで着飾った100人あまりが祝宴を開いていた。テントの中央には仮設の床板が敷かれ、バンドの演奏で踊っている人たちがいる。大きな円卓がいくつも周囲に並べられ、白いテーブルクロスがかけられたテーブルの真ん中には花が飾られている。みな幸せそうにおしゃべりして食事を楽しんでいた。

「あれ、あそこを見て！　ベアトリスじゃないの！」。ヘザーが興奮してささやいた。指差す方向を見ると、前方の長テーブルにピンクのスパンコールをちりばめたレースのぴったりしたドレスを着て座っているのは、一番若いグラニーだったベアトリスだ。そしてこれは、もしかすると……「結婚式じゃないの！　ベアトリスの結婚披露宴よ」

ベカが小さく拍手し、嬉しくてたまらない様子でうなずいた。テントの入り口近くでなかをうかがっていた私たちはベアトリスと視線があった。驚いた表情を浮かべたが嬉しそうだ。ベカはベアトリスに、私たちが来ることをいっていなかったにちがいない。

ママ・ベカは私たちをあいている席に案内した。私たちは披露宴にはまったくふさわしくないスニーカーに野球帽の軽装だったが、できるだけすました顔を保ち、落ち着いた様子で席についた。ベカにからだを寄せてささやいた。「ベアトリスのたいせつな日に、こんな姿で参列させてもらって大丈夫なの？」。「私たちが立ち寄ってくれてベアトリスは感動しているはずよ。それに長居するわけじゃないから」とベカは私を安心させた。

キーボード、エレキギターとドラムがにぎやかな音楽を演奏した。4人の女性たちがマイクの前で歌って盛り上げている。アリソンが緊張した面持ちで「ベカが私たちにも歌えっていわないことを願っているわ」といった。

私たちのその思いを読んでいたかのようにベカが立ち上がり、私たちのグループから何かひと言祝辞を述べるようにと促した。旅の同行者全員がにこやかに微笑みながら、私に視線を集めた。

いいわ、やりましょう。

私はダンスフロアの端に置いてあったマイクのところに案内された。緊張でふるえがきそうだ。司会者がツォンガ語で私を紹介した。聞き取れたのは「バケイグラ・バケイグラ」と「アメリカ」だけだったけれど、司会者からマイクを渡された私は、ベアトリス、ベカやグラニーたちのアメリカ訪問が私たちにとってたいへんな栄誉だったと、大勢の参列者たちの顔を見回しながら話し始めた。ベアトリスが足を怪我していたにもかかわらず試合に出場し、ダイビング・セーブでゴールマウスを守ったエピソードを紹介しながら、私は友人、ベアトリスとの交わりをゆっくりと思い出していった。
「バケイグラ・バケイグラは南アフリカにトロフィーを持ち帰りました」と私が自慢げにいうと、ベアトリスは笑顔でうなずいた。通訳が私の挨拶を訳し終わるのを待ってから、ベアトリスが通訳として、南アフリカとアメリカのグループを結ぶ要の役割を果たしていたこと、いつも元気いっぱいの身振り手振りでその場を盛り上げる人柄がすばらしいことを紹介した。「ベアトリスとパートナーが一緒にたくさんの幸せな年月を送られることを祈ります」と祝辞を締めくくり、会場から温かい拍手をもらった。

私はアメリカからの一団の席に戻り、ほっと大きく安堵のため息を吐き出した。ベカの微笑みには、アメリカからやってきた友人たちのホストであることの誇らしさが感じられた。その後私たちはベアトリスと新郎に挨拶するように招かれ、私はベアトリスをハグし、結婚披露宴にふらりと立ち寄った私たちを受け入れてくれてありがとうと伝えた。

ベアトリスは笑い「立ち寄ってくれてすごく嬉しいわ！　みなさんに会えないんじゃないかと心配だったのよ」といって、夫を紹介した。夫はグラニーたちのチームドクターだそうだ。

彼をあらためて見て、サッカーチームに加わってからグラニーたちの健康状態が改善したとビデオでいっていた医師だと気づいた。「サッカーをやっていいことがもうひとつあったわけね」と私はいった。「愛まで見つけたなんて」

全員が新郎新婦に祝福を贈ると、ベカは私たちを会場から引き上げさせ、私たちはまた車に乗りこんだ。まだ日は高く、強烈な日差しに私は目を細めた。結婚披露宴は夕方に催されるものだと思い込んでいたことと、まだ時差ぼけが抜けていなかった私は、真っ昼間のような日差しに頭がくらくらした。グラニーたちが7時間の時差があるアメリカにやってきて、到着の翌日から3日続けてサッカーの試合をしたことを思った。それを考えると私たちは、ベカが組んだスケジュールをどんなにハードでも喜んで受け入れたい。これから3日続けて試合をしろといわれないだけでもありがたいと思わなくては。でもモパネワームを食べろともういわれないよう願ったことは内緒だ。

グラニーたちの軌跡

Granny Omo

＊

グラニー・オモ

手を洗うときの両手のように親密に

ウヤジ・アスナツ・シビチは友人たちから「オモ」と呼ばれている。2021年で70歳になったオモは、ンコワンコワが近代的な町になる前の姿を覚えている世代だ。現在のンコワンコワは、コンクリート仕上げのオレンジと栗色のタイルの屋根が亜熱帯地方の太陽を照り返す、こぢんまりとした平屋が立ち並ぶ町である。石炭の燃え殻で作られた腰までの高さの塀が家と家とを仕切っている。それぞれの家の周囲は土がむきだしの地面で、庭には木が1、2本植えられている。

「私たちは以前にはロンダベルという、土壁に藁葺き屋根の円筒形の家に住んでいた」とオモは昔を振り返る。屋根には乾燥させたとうもろこしの藁がのせられていた。オモや友だちは少女のころから、屋根を葺くとうもろこしを刈って干す仕事をしていた。「川での洗濯も私たちの仕事で、アイロンがけが必要になったら薪を集めて火をおこして、鉄コテをあたためたよ」

当時の多くの女の子たちとちがって、オモは小学校を卒業できた。片道5キロを毎朝早足で通った当時を思い出して、「たいへんだったよ」とオモはいう。遅刻すると罰が待っていたそうだ。でも午後にはもっと早足で、大好きな聖歌隊の練習のために教会に急いだ。聖歌隊は病気持ちや高齢の教区民を訪問して歌ったり、歌のコンクールに出場したりした。コンクールではよく優勝した。

オモの父親はソムリエとしてヨハネスブルグで働いていた。「12月の年末年始の休みのときしか父が家に帰ってこないのはきつかったね。父の不在が私はつらかったけれど、めったに会えないから帰宅したときはいつも嬉しくてたまらなかった。父はパン、ジャム、バター、魚油やビーフジャーキーなど、ふだんは食べられないおいしいものをお土産に持って帰ってきてくれた」

白人の雇い主はオモの父親のような黒人の献身的な働き手にビジネスを依存していた

が、そういう相互依存関係は人種分離政策をとる政権の長期的展望にはそぐわなかった。アパルトヘイト政権は現在リムポポ州となったガザンクルを黒人居住指定地域に指定し、ツォンガの人々をその未開の地にとどめておくために、地元に産業を興して黒人の雇用を確保しようとした。その政策に従って、1962年にンコワンコワの町が作られた。工場が建設され、地元で製造された製品を南アフリカ全土に運送するために道路が建設された。工場で働く労働者とその家族の住居として、4部屋ある家がつぎつぎと建てられた。ンコワンコワを南アフリカの工業の中心地にしようと政府が開発に力を入れたにもかかわらず、南アフリカ全土で75万人いたツォンガの人々の半数はンコワンコワに職が見つからず、結局10年たっても黒人居住区以外の地域、とくに都市部のスラムで暮らしていた。1970年代半ば、世界的に景気が後退して南アフリカ全土で失業者が急増し、状況はさらに悪化した。不況の波は全土に広がり、白人が暮らす都市部でも景気が後退し、黒人たちは荒廃した地域に追いやられた。都会から遠く離れた地方では、不況はもっと深刻だった。

ちょうどそのころ、オモは結婚した。夫はヨハネスブルグで鉄道会社に安定した職を得ていたが、地元に残されたオモは6人の子どもをたったひとりで育てなければならなかった。会社がオモの夫をヨハネスブルグからケープタウンに配置転換したとき、さらに

1700キロ以上も家族から離れることになると知った夫は、悩んだ挙句、有給の職をやめて家族のもとに帰る決断を下した。しかしンコワンコワに働き口はほとんどなかった。「生き延びるために、夫は飲み物やタバコ、パンなど食料品や日用品を売る店を始めました。おかげで私たちの生活はよくなりました」とオモはいった。

少し余裕ができると、オモと夫は夜になると町に繰り出した。そのとき味わった幸福感を、いまもオモははっきりと覚えている。プレゼントをたくさん買って、抱き合って、笑い合った。

だがある日、何も理由を説明せずに夫は家を出ていった。「私たちを残して、ただ出ていった。一番下の子どもはまだ小学1年生だった」。オモは自分と6人の子どもをひとりで養わねばならなくなった。

そのころンコワンコワはまた白人の政府から注目を集めるようになっていた。失業している黒人男性が都会になだれこんでくるのを防ごうと、政府はンコワンコワの町まで鉄道を敷き、水道を整備し、工場を誘致して雇用機会を増やした。豊富な労働力をもとに、柑橘類を加工して梱包する工場が鉄道駅近くに建設され、木材や家具製造のビジネスが興って、ンコワンコワを魅力的な投資先にした。1983年から1985年にかけて、黒人居住区に100軒以上の工場が建設された。オモは町で安定した職を見つけることができた。

しかしブームはすぐに終わり、新興企業の70社も閉鎖されるか移転するかして、オモが働いていた会社もつぶれた。一社経営破綻するごとにコミュニティの経済は揺さぶられ、働いていた人たちの生活はおびやかされた。破綻の理由はいろいろだ。断続的に襲ってきた旱魃で果物や野菜の収穫が減り、加工や梱包の産業工場に打撃を与えた。工場は配管設備の不備で、不安定な水の供給に苦しんだ。大半の会社が政府から支給される奨励金に頼っていたが、オーナーはそれが一時しのぎだとわかっていた。

ンコワンコワが政府の助成によって一時的に潤ったのはたしかだったが、地域の長期的な経済的安定のためには欠かせない学校、医療機関や社会福祉への投資はまったくなされなかった。短期的な雇用政策だけでは、町が貧困から抜け出し、恒常的に高い失業率を改善し、貧困や失業に起因する社会不安を解消することはとてもできない。

オモは子どもたちを一人前にしようと必死で働き、耐え、祈った。「子どもたちは神様から私への贈り物だと思っていたからね」。オモは融資を受けて家でビジネスを始め、生活水準を少しでも上げようとした。そして最終的に、オモは子どもたちが将来幸せな生活を送るための基盤を作ることに成功した。「子どもたち全員の学費が支払えたことが私の誇りだよ。一番下の娘は高等教育課程まで進学した」とオモは顔を輝かせる。

１９９４年、南アフリカは希望にあふれる国となった。アパルトヘイト体制が崩壊し、マンデラ大統領とアフリカ民族会議が政権をになうことになったからだ。だが人種分離政策と、それが生んだ経済的不平等は社会に根強く残り、人々に大きな苦しみを与え続けた。アフリカ民族会議は黒人、白人だけでなくどのような肌の色であっても、すべての人々の生活の質を向上させることを目標とした。毎年、何百、何千世帯に電気が引かれた。電力の供給は南アフリカ人の生活を変えた。電気という新しいパワーは、女性たちの生活を文字通りの意味でも比喩的にも革命的に変えた。電動ミシンやヘアドライヤーが家庭でも使えるようになったことで、女性たちは家族を支えるための収入を仕立てものや美容の仕事で得ることができるようになったのだ。

電力を供給するという政府のプログラムはしかし、限定的な成功しかおさめなかった。２０１１年までにリムポポ州ではどの家も電灯はついたが、調理設備や暖房器具の電化は半分の家でしか達成できなかった。あと半分の家では相変わらず薪で調理し、暖をとっていた。半分以上の家ではテレビ、冷蔵庫や携帯電話が使えたが、残りの半分は恩恵にあずかれなかった。

アフリカ民族会議が施行した大規模な経済計画は、それまで外国からの投資に過度に依存していた国の市場を、自国製品で活性化しようというものだった。しかし計画の大半が実現できなかったとき、困った政府は日用品の市場を安価な外国製品に開放した。それは自国の産業に壊滅的な打撃を与えた。またもや工場の閉鎖が相次ぎ、労働者たちは失業するはめとなった。

成人したオモの子どもたちは、経済が打撃を受けたなかで職探しをすることになった。「なんてこった。厳しかったよ」とオモはいう。息子のひとりは学校で教師の職についた。安定した給与が支払われる教師は、誰もがうらやむ職業だ。だがほかの子どもたちはそれほど幸運に恵まれず、パートタイムのギグワーカーになったり日雇いの建設業についている。一番下の子どもは経営学の学位をとったが、まだ仕事が見つからない。「しかもあの子にはもう子どもがいるんだよ」とオモは嘆く。子どもたちのよりよい未来のために、オモは多大な犠牲を払って必死に働いてきたが、次世代は失業の不安と不安定な収入でストレスを抱えている。

オモは子どもたちの生活がこれからどうなるかを心配している。若者たちが現状に不満で、刹那的にいい思いができることを選択したくなる気持ちはよくわかるが、将来の展望を抱かないで行動するのはまったく理解できない。

「2011年のある日、私の5番目の子どもが教会に行った。礼拝のあと、家に帰らないで酒を飲みにいっちゃったんだよ。その夜の帰り道、悪い連中が息子の頭をナイフで刺した」。連中は血だらけの息子を病院に運んだ。状態が落ち着いて家に帰ってきた息子が頭に包帯を巻いている姿を見たオモは、大きなショックを受けた。なぜ連中は息子を刺したのか？

よく眠れないまま朝になり、息子の状態が悪くなっていることにオモは気づき、また病院に連れていった。息子は最終的に全快して退院し、オモはこれに懲りてもう酒を断つだろうと思っていたが、その期待はすぐに裏切られた。神様がせっかく一命を取り留めてくださったというのに、息子はそれをありがたいとも思っていない。

それからも息子に禁酒するよういい続けたが、オモの思いは息子には通じなかった。「いろいろと悩みがあるから飲まずにはいられないんだ、と息子はいう。だから私が、飲んだらその悩みが消えるのかと聞く。そしたら息子は黙っちゃうんだ。ほんとにがっかりだよ」。母親は成人した息子の代わりに生きることはできない。だからオモは祈り、思い悩む。

オモが気に病むのはその息子のことだけではない。現在家には成人したふたりの娘とその子どもたち、亡くなった娘が残した子どもたちが一緒に暮らしている。

「私自身は元気なんだよ。でも狭い家に暮らす人間が多すぎてうっとうしくてならない。寝室に子どもや孫たちがあふれていて私の居場所がない。増築して子どもたちが暮らす部屋をもうふたつ作りたいね」

「きょうだいはいつも一緒にいなくちゃいけないよって、私は娘たちによくいうんだ。洗うときの両手にみたいにくっついて仲良くしていなくちゃねって」

バケイグラ・バケイグラにいるとき、オモは悩みからいっとき解放される。からだを動かし、友だちと一緒に過ごし、ときには旅もできる。「サッカーは私の人生を根っこから変えたよ。これまで訪れることがあるなんて夢にも思わなかったところに行くことができるんだからね。ホテルやロッジでみんなと一緒に眠れて、そりゃもういいね」

練習のために家を出てグラウンドに立つと、オモは自分がより強い人間になり、友だちと強い絆で結ばれていることを感じる。だが練習が終わって家に帰り、料理や掃除をしているとまたくよくよと悩んでしまう。ンコワンコワにある平屋建ての小さな家で、オモと家族の人生はそんなふうに続いている。

第14章　ラドゥーマ、ラドゥーマ！

サッカーは生死に関わる問題だという人がいる。
でも私は断言する。サッカーはそれ以上に重要だ。
――ビル・シャンクリー（スコットランドのサッカー選手／監督）

笑顔と友好にあふれた親善マッチ

長時間のフライトで南アフリカにやってきて、到着してから田舎道を車で延々と走り、ランドローバーに揺られてサファリまで楽しんだ私たちだが、車のシートに座り続けることがいい加減いやになっていた。だからベカがグラニーたちと親善試合をやらないか、と提案してくれたときには小躍りした。私の脚はストレッチして走りたいとうずうずしていた。バケイグラ・バケイグラとの対戦のためにグラウンドに行くと、いつものようににぎやかなお祭り騒ぎの歓迎が待っていた。同じ言葉を話さなくても関係ない。ホイッスルが吹かれた途端に、大声でわめき、派手な身振り手振りで私たちは気持ちを通じ合える。

13ヵ月前、グラニーたちがいよいよアメリカを旅立つ日の朝も、私たちはサッカーを一緒に楽しんだ。レクスプレッサスのメンバーの家族や、大会を観戦してファンになってくれた人たちも加わった。ヘザーの近所に住んでいるダンは、南アフリカの男性4人をホームステイ先として受け入れ、毎日曜日に欠かさず参加していたサッカーの試合に行かずに、グラウンドにやってきた。「自分のチームの試合はいつでもできるからね」といって。

レキシントンの人工芝のピッチに集まった私たちは、わいわいおしゃべりして笑い声がたえなかった。アリソンの娘が、高さ1・5メートルもある一輪車に乗ってあらわれると、グラニーたちは好奇心いっぱいでまわりに群がり、ヘザーの夫が一輪車と一緒に写真を撮った。

その朝ピッチに集まった40人あまりは、帰国の途につくグラニーたちを祝福する気持ちも込めて一緒にボールを蹴った。グラニーたち、レクスプレッサスのメンバーとその夫たち、子どもたちは思い思いのユニフォームを身につけ、ピッチを駆け回った。コーチのデビッドはなんと裸足でプレーした。バケイグラ・バケイグラのチームは鮮やかな黄色のシャツに色を合わせたバンダナを巻いていたが、グラニーたちの何人かはレクスプレッサスが前にユニフォームにしていた深緑色のシャツにからだを押しこんでいた。ともに過ごした日々の思い出に、シャツをプレゼントすることを決めたのだ。ブルは大喜びでシャツを抱きしめていた。

7月のその朝、私たちは走り、パスをし、空振りし、ぶつかるたびに大声で笑い合った。「こんなに楽しいの、はじめてだわ」とアリソンが叫んだ。相手チームではコーチのロメオがすいすいとドリブルで相手をかわし、巧みさを見せつけた。ロメオを止めようとしたグラニーがバランスを崩して転び、変な具合に脚が広がった。試合が止められ、ロメオはひざまずいてグラニーを立ち上がらせようとし、レクスプレッサスのメンバーも手伝いに駆け寄った。転んだグラニーは立ち上がってもまだ笑いが止まらなかった。私たちのチームにいたヘザーの息子のタムラットは当時5歳で、爪先立ちをしても大人のウエストまで届かないほど小さかった。だから誰もが彼にぶつからないように気をつけ、走るスピードに合わせてパスを出す気遣いを見せた。

グラニーたちふたりがぶつかって転んだときには、チームメイトが駆け寄って立ち上がるのに手を貸した。ぶつかったふたりはすぐに立ち上がって、一目散にゴールめがけて走り、ひとりが見事なシュートを放った。ボールはゴールに入らなかったが、スパイクの鋲がひとつ外れてネットのなかに飛び込んだ。「これはゴールにします!」と私は宣言し、どちらのチームからも爆笑が沸き起こった。「2点に相当するゴールだわ」

またボールが誰かの背中にあたってゴールネットを揺らしたときも、得点と認められた。ブルはつねに攻撃的で、近くで相手チームの選手がボールを持つと、誰であっても果敢に奪いにくる。味方にいれば頼もしく、相手チームにはいてほしくないタフな選手だ。ベアトリスの足の怪我はよくなり、フィールドでプレーしていた。あるときチームメイトがスローインしたボールを、ベアトリスは巧みに受けてゴールした。ステップをうまく踏んで勝利のダンスを披露したベアトリスは、拳を築き上げて叫んだ。「ラドゥーマ! ラドゥーマ!」。ズールー語で「雷」という意味で、アフリカでゴールしたときに叫ばれる。

白人と黒人がいっしょにサッカーを楽しむ

それから13ヵ月後、南アフリカのンコワンコワ・スタジアムで、レキシントンのグラウンドと同じくらい友好的に、同じくらい大騒ぎしながら私たちは試合をしている。土埃が舞うグラウンドではなく、ベカが用意してくれた町営のサッカー場だ。手入れが行き届いたピッチに立つのは南アフリカのグラニーたちと、私たちアメリカの中年女性と子どもたち。スコアのことなんか誰も気にしない。ただサッカーをすることが楽しいというサッカー愛にあふれた試合だ。

私はサイドのプレーヤーとして上下動を繰り返し、同じチームのグラニーたちにパスを出した。私たちのチームのフォワードは敏捷性のすぐれたリッジーだ。ブルはいつもいてほしいところにポジションをとっている。私たち3人で何度かゴールを脅かしたが、相手チームの鉄壁を誇るディフェンダーのアリソンが、私たちが作るチャンスの芽をことごとく摘んでしまう。戦略の変更が必要だと思った私は休憩を要求した。「アリソン」と私はやさしい声で提案した。「ちょっと休んで水を飲んだほうがいいんじゃない？　2、3分休憩しようよ。喉が渇いたでしょ？」

やがて主審が試合終了のホイッスルを吹いた。その日主審をつとめた若い女性は、ベカの経済的援助を受けて大学に進学したという。「この娘は本当に賢いの」とベカは私たちに彼女を紹介したときいった。若い女性は誇らしさで顔を輝かせた。

へとへとになって倒れこんだ私たちだったが、荒い息遣いのまままみんなで集合写真を撮った。誰も彼もが笑顔で、互いの肩に腕をまわし、また一緒にプレーできた喜びにあふれていた。

サッカーがくつがえしたアパルトヘイト

南アフリカではサッカーが長く愛されてきた。単なるレジャーとしてではない。サッカーは国の歴史と切り離せないほど深く関わってきた。

南アフリカの黒人たちは、19世紀後半にやってきた英国の植民者がサッカー競技を持ちこんでから、現地独特の文化を競技に取り入れてきた。たとえば試合前に、自チームの選手たちがパフォーマンスを高めるように、怪我から守られるように、また相手チームがおびえるように、祈禱師が祈りを捧げる儀式を行うことがひとつだ。昔から伝わる武術の棒を使った踊りの名手から、選手名をつけることもある。動きがあまりにもなめらかで、観客に心配事を忘れさせるほどの選手を「スコッチ・ウィスキー」と呼ぶなどだ。

だが20世紀初頭、白人たちは南アフリカの生活のすみずみまで人種分離政策を徹底した。サッカーのピッチでさえも政治から逃れることはできなかった。国がアパルトヘイト制度を敷いて黒人たちにかける圧力が強くなってくると、サッカーは高まる不満をガス抜きするために不可欠になった。わずかな賃金を得るために長時間労働しているにもかかわらず、サッカー・ファンたちは試合や観戦のために別の街まで遠征した。スーパーゴールやスーパーセーブについて、またレフェリーのあやしげなジャッジについて熱く語り合うことが、しだいに締め付けが厳しくなってくる社会状況をいっとき忘れさせた。ピッチはアパルトヘイト体制下にある南アフリカで、黒人男性たちが自分たちの強さと持っている力を自由に発揮できる場所だった。

　そのことをよくわかっていた白人権力者たちは、黒人のサッカー競技運営者たちが試合会場を確保することを妨害するようになった。１９５６年にスポーツ活動でも人種を分離する法律が可決されると、状況はいっそう悪化した。異なる人種がまじって競技をすることが、南アフリカ国内では禁止された。国際試合に出場できるのは白人だけで、人口の２割以下しかいない白人が国の代表とされた。

　南アフリカの黒人たちは、差別に注目するよう世界に呼びかけた。アスリートたちは、差別に対してどのような姿勢をとるのかと国際サッカー連盟《FIFA》に迫り、１９６１年にＦＩＦＡは南アフリカに出場停止処分をくだした。国際社会がアパルトヘイトを糾弾した最初の出来事のひとつで、残酷な無法国家である南アフリカが国際社会と対決する方向へと舵を切るきっかけとなった。まもなく国際オリンピック委員会《IOC》も南アフリカの人種差別を強く非難し、ＦＩＦＡと同様に出場停止処分を下した。アパルトヘイトはそれから30年も廃絶されなかったが、スポーツの競技団体に続いて各国政府や企業、宗教団体が南アフリカに対して社会的・経済的な制裁を加えるようになり、国際社会からの圧力が南アフリカに多大な打撃を与えていくようになった。南アフリカの白人たちにとっては、外交的な孤立や経済制裁以上に、スポーツの国際競技から長期にわたってボイコットされることのほうが士気を喪失させたのは確かだ。

アフリカ民族会議が南アフリカの黒人たちの自由と権利を守ることに革命的な成果をあげたことに恐れをなした政府は、1960年にこの政党を非合法とし、もっとも影響力を持っていたメンバーたちをロベン島の刑務所に投獄した。ケープタウンから12キロの沖合に浮かぶ孤島に作られた牢獄である。受刑者たちは暗く湿った監房に押し込められ、厳しい自然環境にさらされ、看守たちから殴られ、ときに拷問され、ねずみの糞やゴキブリがまじった食べ物を与えられ、島の石灰岩を切り出す採石場で強制労働させられた。刑務所を管理するものたちは、サッカーが受刑者たちにとってどれほど意味があるかをよく理解していたから、当然プレーを禁止した。

だが受刑者たちは何年にもわたって刑務所の待遇改善を求めて申請を出し続け、国際赤十字からの圧力もあって、ロベン島刑務所の受刑者たちの待遇はしだいに改善されていった。そして1967年、刑務所管理者から受刑者たちに、サッカーリーグを組織する許可が出た。ともにボール（最初はボロ布を丸めて作られた）を蹴る貴重な時間を通して、男たちは自尊心を取り戻していった。刑務所の中庭に作ったピッチでサッカーをすることで、たとえわずかな時間であっても受刑者たちは自由を感じた。ネルソン・マンデラはロベン島に投獄された最重要人物で、試合への参加は許されなかったが、狭い独房の窓から試合の模様を眺めることができた。だがそれに気づいた刑務所の高官たちが、視界を遮る目的で塀を高くしてしまったために、やがて見ることもかなわなくなった。

刑務所の規則が許す範囲であることを慎重に考慮しながら、受刑者たちはFIFAの規定通りにプレーした。のちに釈放された受刑者たちは、自分たちがハードワークし、組織だって、しっかりと管理されたチームとしてプレーし、チームワークを重視して、誰に見られても誇らしいサッカーをしていたといった。ロベン島のチームでプレーしたタボ・ムベキ、カレヤ・モトランテ、ジェイコブ・ズマは南アフリカ共和国の民主的な選挙で選ばれた第2代、第3代、第4代大統領である。

釈放されて南アフリカ本土に戻ると、アクティビストたちは国じゅうでサッカーを政治活動に利用した。アフリカ民族会議のリーダーたちは、試合に出場するために国境を越えて遠征する機会に亡命した革命家たちに会い、対面で重要な話し合いを重ねて、戦略を練った。試合のチケット売り上げは反アパルトヘイト運動の資金に回された。

1992年までにアパルトヘイトによる締め付けは弱まった。権力者たちが人種差別の考え方を否定するようになったからではなく、南アフリカ国内で黒人たちが何十年にもわたって繰り広げてきた反アパルトヘイトの運動が実を結び始めたためと国際社会からの制裁の圧力が強まったことが原因である。南アフリカは人種差別を定めた最悪の法律のいくつかを撤廃した。黒人たちはついに土地の所有権を得られるようになった。黒人たちが移住させられ、名前ばかりの自治国として「ホームランド」と名づけられた地域は南アフリカの国土と認められ、携帯が義務づけられることで移動を制限してきた通行証は廃止され、黒人たちは都市中心部にも住めるようになった。FIFAはこの変化を見て、南アフリカの国際試合への復帰を認めた。人種を統合した南アフリカ男子代表チーム、バファナ・バファナが結成され、30年ぶりとなる国際試合に出場した。

「ラドゥーマ! ラドゥーマ!」。ファンたちはゴールのたびに叫んだ。雷が落ちたような大きな雄叫びだった。

また会う日を約束して

ンコワンコワ・スタジアムの外に出ると、マンゴーのような黄褐色の太陽が沈もうとしていた。グラニーたちはライラック、ターコイズ、ピンク、ライムなど色とりどりのビーズを使ったヘアバンドをプレゼントしてくれた。私はオレンジとブルーのストライプの手作りのバスケットをもらった。お返しに私たちはアメリカから持ってきた黄色地に南アフリカとアメリカの国旗をプリントし、間に花文字で「サッカー・シスターズ」と描いた旗を贈った。顔を輝かせたグラニーたちは、さっそく頭にそれを巻いた。

あたりが暗くなってきて、ベカはグラニーたちの帰宅の途を心配した。何人かは数キロ歩いて帰らねばならない。朝早くにスタジアムに車で来るときに、「夜間のひとり歩きは危険です」と警察署が警告するポスターを見かけた。その警告はいまの私たちにより実感を持って迫ってくる。

しかしベカが帰宅を促そうとする前に、グラニーたちは1日を締めくくる祈りを捧げようと輪になった。アメリカでもよく見た光景だ。食事の前に、バスに乗る前に、サッカーの練習や試合の後に、グラニーたちは神に感謝を捧げ、私たちに恵みを与えてくださいと祈った。頭を下げる人もいたけれど、大半は上を向いて祈る。ひとりのグラニーが祈りの言葉を先導し、ほかの人たちが続くこともある。また全員で声を合わせて祈ることもあった。たくさんの声が聖歌のようにリズミカルに、神に憐れみを乞い、感謝を捧げる祈りを唱和する。

その夜、全員が顔を上げ、満面の笑みを浮かべて「アーメン」と祈りを締めくくり、近くに住んでいるグラニーたちは折りたたみ椅子やテーブルを頭に載せて、低い声でおしゃべりをしながら帰っていった

駐車場で私はブルを探した。ピクニックで使った食器などを入れた大きなバスケットを頭に上手に載せて、すたすたと歩いていたブルを見つけて私は声をかけた。

「ブル、また会えて本当によかった」。ブルは笑みを浮かべてうなずき、自分も同じ気持ちであることを示した。たくさんの荷物を頭に載せながらうなずいても、少しもバランスを崩さないことに私は驚嘆した。

グラニーたちの軌跡

Ganny Gayisa

*

グラニー・ガイーサ

神は私の保護者

モジャジ・ムダカ・ガイーサはンコワンコワ・スタジアム近くの日陰に静かに座っていた。バケイグラ・バケイグラとプリントされたターコイズブルーのヘッドスカーフを巻いて、その上に鮮やかな原色の布を三つ編みしたものを王冠のようにのせている。目にはすべてを悟って受け入れているような落ち着きがあった。

「子どもたちには神に祈って、神を賛美するよう教えてきました」とガイーサは話した。

「子どもたちも私にならって礼拝を重んじるようになりました。ありがたいです。神を畏れるようにと子どもたちに教えました。どうやって祈ればいいか、祈りの場に神はいてくださることを教えたのです」。ガイーサは人生を通して祈ってきた。「子どもたちはどこにいても私に電話をかけて、自分たちのために祈ってほしいといいます。そう頼まれると、私は幸せな気持ちになります」

南アフリカの大半の人たちと同じく、ガイーサもキリスト教信者で、日常生活は礼拝を中心に回っている。その人生はキリスト教の信仰の上に築かれ、その信仰は、南アフリカの国の歴史にルーツがある。

キリスト教は18世紀に南アフリカの地に伝道された。海外から探検隊とともにやってきた欧州の宣教師たちは、牛車に乗って現在南アフリカ共和国になった地の奥深くまで、原住民をキリスト教に改宗させようと伝道の旅をした。まもなく欧州とアメリカから南アフリカに渡った宣教師たちの定住地があちこちに建設された。定住地の場所は、救わねばならない魂の存在よりも、気候が温暖でマラリアなどの感染症のリスクが低い場所であることを優先して選択された。

しかしキリスト教は簡単には伝播していかなかった。その教えが現地民が深く信仰している宗教と真っ向から対立していたからだ。キリスト教の布教団はアフリカで伝統的な複婚を非難して、結婚は一人の男性と一人の女性が結ばれる聖なる制度だと主張した。初期にキリスト教に改宗した人々は、祖先を捨てたといわれて村八分にあった。

しかし布教団が学校を建設し、聖書が読めるようになるために改宗者たちに読み書きを教えたことが、キリスト教普及を推進する決定的な要因となった。南アフリカの黒人の子どもたちへの最初の公式な教育機関は、布教団がつくった学校である。布教団はまた職業学校も建設し、石切や石工、大工を育成した。

教育機会よりも、人生に寄り添い助けてくれる全知全能の神とつながる機会を与えることのほうがキリスト教信仰を広めるのに役立った。黒人を迫害する政治体制の残忍さが増していくにつれて、人々は神の助けによってより強い精神力を持とうとした。ガイーサは人生でもっともつらかったときに、神の支えを強く感じたという。

「長子を亡くしたんです。警察官になったばかりでした。採用後に新人研修のためにバスで出かけた途中でひどい事故にあって、息子は亡くなりました」。ガイーサは深く息を吐き出して、両手を強く握りしめた。地面に書かれた詩を読んでいるかのように、目を伏せてゆっくりとした口調でガイーサは話した。「そのとき悟りました。人間の生涯は花のようだ、と。花がしおれるように、人は亡くなるんです。でも神様はいつもそこにいてくださる。私たちが傷つき、神様の存在を忘れているときでもそばにいてくださるのです。あのつらかったときに、私は死んでしまいたいと思いましたが、神様が耐え抜く力を与えてくれました」

植民地政府は現地民を手ひどく扱い、不当な虐待は長く続いた。ガイーサの親や祖父母たちの世代は霊的な救いを求めた。白人の牧師たちのなかには、礼拝にやって来る人々の苦しみを理解し、不正を正すために闘うことを選択するアクティビストがいて、植民地主義者たちへの抵抗運動を繰り広げるコミュニティの集会所として教会を開放した。当時、教会は南アフリカの黒人たちにとって、避難所として大きな意味を持っていた。

植民地化された初期には、アフリカで布教活動の先頭に立つ指導者やアフリカ民族会議を率いるリーダーたちは、外国でアフリカ系アメリカ人の指導者たちと交流し、教会や歴史ある黒人の大学や教育機関で学んで抵抗運動のヒントを得た。南アフリカに戻ったリーダーたちは、教会で権力を持つ白人たちから黒人である自分たちが差別されていることに気づいた。そこでアフリカの人たちは、自分たちで教会を建設して運営し、アフリカ人の考え方で解釈したキリスト教をそこで布教するようになった。

アフリカ人の教会の指導者たちは、キリスト教の教えにアフリカの伝統的な霊的慣習を織り込んだ。先祖崇拝と身体的・霊的な治癒の慣習がその代表的なものだ。

「私たちアフリカ人は死者を無視しては生きられません。従来のキリスト教の教えからは、現世にはいない人たちの声が伝わってきません」とアフリカの聖公会司祭で反アパルトヘイト活動家だったデズモンド・ツツ大司教はいった。

1910年、リムポポ州にシオン・キリスト教会が創設された。アフリカ独自のキリスト教を称える新しい教会で、最大規模を誇る。

20世紀半ばまでに南アフリカの黒人の圧倒的大多数がキリスト教信者となった。ガイーサやほかの多くのグラニーたちもそうだ。黒人がかかわる社会活動の多くが破壊されたアパルトヘイト体制下にあって、教会は黒人たちの精神的支柱として残った。人種分離政策を進めるために、原住民への教育を国家が統制下に置くことを定めたバントゥー教育法が1953年に施行されたことで、南アフリカの黒人の子どもたちが通っていた教会経営の学校の大半が閉鎖された。そういう教育機関への政府の補助金は打ち切られ、黒人の子どもたちの入学が許されたのは、政府が資金を出している黒人のための学校だけとなった。多くの黒人の子どもたちが、教育を受ける機会を失った。

ガイーサが子どものころ、男きょうだいたちは政府が資金を出す学校に通ったが、女の子に教育は必要ないと父親が信じこんでいたために、ガイーサは学校教育を受けたことがない。「私が結婚するときに得られるお金だけが関心事で、私の教育のことなど考えもしませんでした。学校に行ったことがないので、私は自分が何歳かわからないんです」

それでも父親はガイーサに別の形で愛情を示したという。「私は初めての子どもだったので、父から格別にかわいがられました」

父親はヨハネスブルグで裕福な白人ばかりが住んでいるヒルブロウにあるレストランでいい仕事についていたので、村では大物と見られていた。村の自宅に帰ってくるときには、めずらしい贈り物を持ってきた。「私は弟や妹たちよりもいい服やものをもらいました」とガイーサはいたずらっぽく笑った。

弟たちが学校に行っている間、ガイーサは母親とともに過ごした。「母は私を畑に連れていきました。一緒に働いて、私が疲れると母は休んでいいよといっておんぶしていた赤ちゃんを私に預け、自分はまた畑仕事に戻りました。仕事が終わると午後に家に戻って、疲れ切った母親のかわりに私が夕飯の支度をしました」

ガイーサは自分が家で役立っていることに誇りを持っていた。「女の子が畑を耕し、薪を集め、家の床と壁にしっくいを塗り、居心地のいい家にすると、その子は強いと認められるんです」。そうやって褒められることにガイーサは自分の存在意義を見出し、自分の強みを発揮していると満足していた。

そんな日常での気晴らしはダンスだった。妹たちと一緒にガイーサは地元の友だちとダンス・グループを作り、近隣の村まで出かけてダンスの競技会に出た。集めた空き缶を叩いて生み出すビートで練習し、ガイーサたちのグループはしだいに力をつけて実力が認められるようになった。「私は本当にいい踊り手だったので、必ず誘われました。私たちのグループは競技会で必ず勝ったんですよ」。腰を振ってくるくると回るダンサーたちに感激すると、観客はお金を渡した。近くで踊ると1ランド札をポケットに入れてもらえる。

将来夫になる男性が、友人の結婚式で踊ったガイーサに惚れこんだ。ダンスフロアで踊るガイーサを見そめた彼は、彼女の村を足繁く訪れるようになった。「ついにある日私たちは会って彼が結婚を申し込んだのですが、私は断り『私の夫になる人はまだ生まれていません』と冗談をいったんです」。そんな冗談で求婚者は引き下がらなかった、とガイーサは笑った。「友人たちは遠くから、まずいことが起こらないようにと、話している私たちを見守っていました」

求婚者がしつこく迫り、ついにガイーサは彼こそ望んでいた人なのだとプロポーズを承諾し、ふたりは結婚した。結婚してからは夫の実家に住んで、姑を手伝って家の仕事をするようになった。夫は地元で働いたが、最初の子どもが亡くなると家庭を支える責任の重圧を感じるようになって、ヨハネスブルグにもっといい働き口を探しに出て、家に定期的に帰ってくるようになった。

ところがガイーサが3人目の子どもを産んだころから、夫は家に戻ってこなくなった。まもなく夫からの送金もなくなり、ガイーサは無収入となってしまった。家族を支えるために、ガイーサは自分の知恵と肉体的な強さを発揮し、神への信仰にすがって奮闘した。「まず学校に通う子どもたちにバナナを売ることから始めました。並行してオレンジ栽培農園で果物を箱詰めする仕事につきました」といって肩をすくめた。とにかく働くしかない。「そうやって人生は続いていったんです」

シングル・マザーとして苦闘するうちに、ガイーサはますます信仰に救いを見出すようになった。「よりよい人生を送るよう私を助けてくれた神様に感謝します。厳しいときに私がひとりで子育てできるよう助けてくれたことにも感謝しています」

夫に見捨てられてから20年間に、ガイーサは2回だけ夫を見かけた。1回は叔父の葬儀で、もう1回は父親の埋葬のときだ。長男がバスの事故で亡くなったとき、夫は葬儀に顔を出さなかった。「そのことで私は打ちのめされました。私との間に生まれた子どもが亡くなったというのに、その父親が葬儀に顔も出したくないというのです。ひとりになると、そのことが何回も頭に浮かんで、私は涙が止まらなくなります」といいながらガイーサは両手をしぼるように握りしめた。そのときの苦しさはまだなまなましい。

再婚を考えたことはないという。信じている教会の教えに背くことだからだ。「聖書には、結婚の儀式によってふたりの人間はひとつになると書いてあります。私は神を畏れているのです。それに夫がいつか家に戻ってくるのではないかと思っていましたから」

だがその後に知らされたのは夫の死で、ヨハネスブルグまで葬儀に出かけたときに夫が別の女性と結婚して家庭を持っていたことを知った。夫は家に戻らず、家族に送金するのをやめただけでなく、別の家庭を持っていたことを知ったガイーサはあらたに苦い思いを味わった。

5人のきょうだいのなかで生き残っているのはガイーサただひとりだ。いまは息子のひとりと21歳になる孫と一緒に暮らしている。娘はふたりの子どもたちとともに、プレトリアで働いている。ンコワンコワから250キロ離れた街だ。学校に通ったことがないガイーサだが、孫たちには教育のたいせつさを説いているという。「大学まで出てくれたらとてもうれしい」

毎朝、ガイーサは午前4時に起床し、祈りで一日を始める。「また新しい一日が始まったことに、神に感謝を捧げます」。魂を癒すと、つぎはからだのケアだ。「エクササイズをして、走ります」。そして仕事を始める。「まず庭掃除をして、終われば家の掃除をし、その後に料理をします」。フェトクックという南アフリカの伝統食である揚げパンと、ビーズの小さなバッグを作って地元で売っている。

1週間に2回のサッカーの練習が、忙しい毎日を送るガイーサの気分転換だ。「夫や子どもが亡くなったことが私にとって大きなストレスでした。でもサッカーの練習でからだを動かすことでずいぶん救われています」

バケイグラ・バケイグラに加わってから、ガイーサは自分のからだを動かす喜びをまた取り戻している。「疲れて家に戻ると、生き返ったような気分です」。チームメイトの80歳を超えるグラニーたちが、世間の常識を打ち破ってサッカーのピッチで躍動している姿におおいに刺激を受けるという。「ずっとサッカーを続けていきたい。歩いたり走ったりできなくなるまで、やめたくないですね。チームに助けられ、喜びをもらっています」

しかしガイーサがバケイグラ・バケイグラに参加する意義を見出すのは、ピッチでともに過ごす時間以上に、チームメイトとともに祈る時間があるからだ。「私の人生で神様以上に偉大なものはありません。私が私でいられるのは神様が私を守り、今日まで助けてくださったおかげです。私は神様を深く信頼しています。夜も昼も神様は私を守り続けてくださる。あなたにも神様のお恵みがありますように」。そういってガイーサは微笑んだ。

第15章　女性を殴るのは、岩を殴るようなもの

速く行きたいのであればひとりで行きなさい。
遠くまで行きたいのであれば、一緒に行きましょう。

――アフリカの格言

サバンナにある小さな村でベカの偉業を知る

「あの人が首領なの？」。ストライプのチュニックに黒いスラックスをはいた若い男性のほうを見ながら私は聞いた。

「頭を下げて」とベカはあわてて私にささやいた。「あの人のほうを見ちゃだめ」

第15章
女性を殴るのは、岩を殴るようなもの

私はおとなしくその命令に従って、急いで首だけ下に向けたが、目の端で儀式の様子をうかがった。女性たちが籠を持って首領の両側に付き添っている。彼女たちも頭を下げて前屈みになり、視線を地面に向けて歩いている。天幕が並ぶなかを、首領がゆっくりと進んでいくと、テントの前にいる女性たちはひざまずいて頭を地面にこすりつけんばかりにひれ伏した。

「あの人の写真を撮ってもいい？」とカトリーヌがベカにこっそりとささやいた。「いいけど、気づかれないように慎重にね」とベカは注意した。

目の端から盗み見たところ、首領は30代半ばくらいだ。「思っていたよりもずっと若いのね」

「その通り」とベカは低い声で答えた。「首領の後ろにつき従っている年上の男性たちを見た？　首領が賢い決断が下せるように、あの人たちがあれこれ指導しているのよ」

ベカが今日私たちを連れてきた村のように、地方の村を治める首領はいまだに村の長老会議によって選出される。地域をもっとも長く治めてきた最後の氏族のなかから首領は選ばれる。首領の権限は土地の割り当てや水などの資源の配分、争いごとの仲裁から祭礼の執行にまで及ぶ。

私の胃はぐうぐうと鳴って空腹を訴えている。首領が早く昼餐の祝福に向かってくれる

ことを願った。ホテルで朝食をとってから何時間もたっている。しかもコーヒー、フルーツと二度焼きしたビスケットみたいな硬いラスクしか食べていない。ベカが私たちをジンバブエとの国境近くの村まで連れて行くために、午前7時に迎えに来て、2時間近くドライブした。

車はまず気持ちよく晴れた空の下、木々が生い茂る田舎道を走り、私たちは道の両側でバナナ、マンゴー、トマトやアボカドをピラミッド型に積んで売っている人たちを見た。私たちの車の前を、荷台に家具や箱、鞄を積み上げて防水シートで覆ったトラックがガタガタと荷物を揺らしながら走っていた。荷物がいまにも崩れ落ちそうで私たちを不安にしたが、高速道路が舗装されているおかげで心配は杞憂に終わった。また荷台に20人あまりの男性たちが立って乗っている小型バンも見かけた。男性たちと私たちは笑顔で手を振って挨拶をかわした。私の想像だが、きっと彼らは農産物の収穫のために農園に出かけていくところなのだろう。

なだらかに連なる丘の頂上に達して反対がわに下りていくと、景色はしだいに緑から黄褐色に、そして茶色に変わり、昼前の光のなかで黄金色に輝く大地が広がった。高速道路をおりると平地にまっすぐに一直線に伸びている未舗装の道を、土埃を巻き上げながら車は走った。いまや四方のどこに目を向けても赤銅色、黄褐色や茶色の乾燥した大地が広がっている。ところどころに低い灌木や枯れて乾燥した草が見えるだけだ。建物は一軒も見えない。

ブッシュのなかに入ると車はスピードを落として進んだ。後部座席で私は前部の燃料計をそっとのぞいてチェックした。大丈夫だ、まだガソリンは4分の3ほど残っている。

それからまたサバンナを揺られながら1時間あまり走って、私たちは日干しレンガとブリキ板で建てられた小さな家が百軒あまり建っている村にたどり着いた。かつては南アフリカ各地でどこでも見られた、屋根を藁でふいたロンダベルという円筒形の家もちらほら見える。だが多くの家の屋根は藁ではなくブリキ板で葺かれており、強烈な太陽を浴びて焼けつくように熱くなっていた。鮮やかなブルーのプラスチック製大型ドラム缶が各家に置かれ、水瓶がわりになっている。2日に1回ほどトラックで水の配給がある、とベカが私に教えた。

「なかには水がまったく供給されない村もあるのよ」と私たちが車を停めたところでベカはいった。「水はものすごく大きな問題になりかねない。この村には井戸を掘ってもらった。でも井戸さえない村がいくつもある。そこでは水が本当にないの。村の人たちは野生動物が水を飲みにくる川や水飲み場で動物たちと一緒に水を飲んでいる。きれいな水だとはとてもいえない。お金の手配がつくたびに私は井戸を掘ることにしている。そうしたら安全ではない川まで行く必要がないから」。そこでベカは肩をすくめていった。「川でワニに襲われることがよくあるのよ」

この村はほとんど土がむき出しの乾燥した荒地で、野菜も申し訳程度にしか育っていない。気づいたのは、電線がどこにも見当たらず、どの家も電気の恩恵を受けていないことだ。政府の電化推進計画は都市から遠く離れた地域には及んでいないらしい。

それなのに村にはサッカー場がある。そこで私たちは車から降りて、長時間ドライブでこわばった身体をゆっくりとほぐした。埃っぽいサッカー場の一方の側には黄色い天幕が一列並んでおり、背後にはカラフルな毛布がかかっている。私たちは中央の天幕に案内され、サッカー場が見渡せるところに並べられた椅子に座るよううながされた。

男性と少年たちがピッチをはさんだ向こう側の木陰に集まっている。赤ん坊や幼児を抱いた女性たちが私たちと一緒に天幕の下にいた。お母さんに抱っこされた赤ちゃんを、私は「いないいないいないばあ」であやした。

この村は女性のサッカーチームがあると自慢しているが、ベカの仕事は高齢女性のサッカーチームを作るだけにとどまらない。1ヵ月に1回、ベカはタクシーでこの村までやってきて、女の子たちに避妊とＨＩＶ／エイズの予防について教える教育プログラムを実施している。長く健康な生活を送るために必要だからだ。この村と似たようないくつものコ

第15章
女性を殴るのは、岩を殴るようなもの

ミュニティでは、外部の寄付の助けを借りて建築資材を調達し、家族が住める家を建てる活動もしている。

ベカのような人を必要とする村がいったいいくつくらいあるのだろう。なぜベカはこの村に手を差し伸べたのだろう？　ベカと知り合ってまもないころ、メールでベカが家を建てるための寄付を依頼してきたことを思い出した。両親を亡くして、病にふせったおじさんの家に引き取られることになった子どもたちは、いまでは無事に家族11人が一緒に暮らせる家に住んでいるという。ベカは自分がやっていることを声高に自慢することはけっしてない。しかしこの村にやってきて、ベカがやっている仕事を目の当たりにして、その偉大さをあらためて私は実感した。

自分が必要とされているところに、ベカはどこでも出かけていき、手を差し伸べ、現地の人たちと関係を築き、信頼を勝ち取る。援助が功を奏したときの報酬は、つぎなる援助である。要求はかぎりがない。どうやってベカは固い決意を持ってその要求に応え、へこたれないでいられるのだろう？

「アメリカから戻ってくると、この村をはじめとして、あちこちの村の権力者たちが私により敬意を払ってくれるようになった」とベカはいう。「私と一緒に働き、私がやろうとすることをもっと助けてくれるようになったのよ」

ベカはどんなことも、遠大な目標を立てて実行していることを私は理解するようになっていた。グラニーたちをマサチューセッツに呼ぼうと必死だったとき、私たちは何回も資金をどうするかで頭を悩ませた。だが私たちが悩んだ期間は短く、しかも解決したが、ベカはもっと長期的な展望を持って事を運んでいたのだと今ごろになって気づく。アメリカに遠征することだけがベカの目的だったわけではない。自国での自分の活動をより前進させ、地元の協力を得やすくするという目標に向けて戦略を立て、ベカはアメリカ行きを推し進めた。ベカは壮大な夢を描いて目標を設定し、自分の計画を大胆に語る。まるで大きく複雑な絵柄のジグソーパズルを仕上げていくように。政府も人々も目を向けようとしない場所に出かけ、小さなピースをはめこむように地道に現場で働いて、描いた夢を実現していく。

都会から遠く離れたこの村で、私は村の人たちがアメリカの白人を迎えるのはおそらく初めてではないかと思った。偉大な権力者のように崇められることが、私には居心地が悪かった。だが今日こうやって南アフリカの北方に位置するサバンナの村を私たちが訪れたことは、ベカが今後この村の人たちからより敬意を持って受け入れられて、ベカの善意の仕事がよりたやすくなるために必要なのだと理解して、私は自分の短慮をいさめた。白い肌を日焼けで赤くして、変な帽子をかぶり、わけのわからない言葉をしゃべる人間がアメリカからわざわざやってきたことは、ベカが今後親を亡くした子どもたちのための家を建てたり、女の子たちに避妊やエイズ予防の教育をしたりするうえで陰ながら役立つのだ。それを知って、私たちは偉人扱いされる居心地の悪さに喜んで耐えようと思った。

女性たちの強さを示した抗議デモ

首領と取り巻きの長老たちが天幕の私たちの後ろの席につくころに、私の胃はもはや制御がきかなくなるほどぐうぐう鳴って飢えを訴えていた。椅子のうえで身体を丸め、おなかが鳴る音が外にもれないよう祈った。

女性のひとりがピッチの真ん中に100リットルドラム缶ほどの巨大なスチールの太鼓をひきずってきた。ピンクのシャツとスカートを身につけた少女がひとり、頭のうえにスティックをかかげて太鼓を叩くと、ブーン、ブーンと音が響いた。傍らにふたりの少女が地面に腰をおろし、大太鼓の音に合わせて華やかなリズムで小さな太鼓を叩く。するとフーシャピンクの頭飾りをつけターコイズのスカートをはいた20人ほどの若い女の子たちが、太鼓のリズムに合わせて歌い踊り蛇行してピッチに入場してきた。女の子たちは裸足で地面を力強く踏みつけ、太鼓の周囲を踊りながら回った。足首に結んだ乾いた豆の莢が、足を踏み下ろすたびにチャカチャカチャカと小気味良いリズムを刻み、神々や先祖の霊がささやいているかのようだ。

ダンスに魅入られて、最前列に座って周囲の注目を浴びていることを忘れた。ゆったりとしたテンポの踊りとより静かなビートの太鼓の音が私の緊張をほぐし、脈拍がゆっくりと落ち着いた。だがしだいにテンポが速くなり、太鼓の音も大きくなり、踊りが激しくなって私の呼吸も速くなった。

そして突然踊りが終わり、静寂が訪れた。

太鼓を叩くのが止まり、ひとりの男性が拡声器で何か叫ぶと、女の子たちはいっせいにフィールドの外に駆け出た。つぎに3人の女性たちが入ってきて、太鼓を叩き始めると、ブルーと白の衣装をつけた女性たちが出てきて踊りだした。激しく腰を振り、全員きっちりと角度を揃えて腰を突き出し、巻いたビーズのベルトをこまかく震わせる。若い首領は傍らの取り巻きたちとおしゃべりをして、私たちの目の前で繰り広げられている女性たちのスペクタクルにまったく興味を示していない。その様子を、私は目の端でこっそりうかがった。きっと日常茶飯事なのだろう。

パフォーマンスが終わると、私たちアメリカ人の一団は人々に促されて一斉に拍手喝采した。踊りの興奮がしずまった女性たちは満面の笑みを浮かべ、頭を下げて首領や取り巻きの長老から目をそむけるようにしてフィールドを去った。

私たちが村を訪れた8月9日は、たまたま南アフリカの「全国女性デー」だった。1956年のこの日、2万人の女性たちがアパルトヘイトによるあらたな行動制限の撤回を求めて、プレトリアのユニオンビルまでデモ行進した。「黒人」と定義された人たちが国内で移動するとき、つねにパスポートのような通行証を携帯することが法律で定められていた。当初は男性たちの移動を制限することが目的だったが、黒人女性たちにも移動制限を課すことが定められた。そうなると女性たちは家族のもとを訪れることも、仕事場に行くことも、子どもたちのために食料を買いにいくことさえもできなくなってしまう。家族のケアをする女性たちの行動を危険にさらすと訴えての集団抗議行動だった。

当時、多くの人数で集まること自体が法律で禁止されていた。だから女性たちは周到に計画し、行動の日を木曜日とした。木曜日は大半の黒人女性が週に1日の休みが与えられている日だ。残忍で容赦ない警官たちに襲われることを恐れて、女性たちは目立たないように2、3人ずつに分かれて、用心のうえにも用心を重ねて集まった。夫たちが白人警官に殴られ、息子たちが投獄されるのを見てきたからだ。女性たちが起こした8月9日の行進で、追い詰められた黒人女性たちは必死で抗議の叫びをあげ、その声は国を揺るがすほどの大きさとなった。

2万人の女性たちの多くが赤ん坊をおぶい、ともに腕を組み、燃え盛る焚き火にパスブックを投げ込み、抗議の歌を歌った。

あんたたちは女性を殴る
それは岩を殴るようなもの
あんたはくだけて死んじまうよ

このとき女性たちが抗議のデモ行進をしたことは、とくに驚くことではなかった。それまでにも何十年にもわたって、社会改革をはかるための運動を南アフリカの女性たちは精力的に繰り広げてきたからだ。力の弱い母親や子どもたちを守るための改革活動はとくに盛んだった。歴史的に女性たちに与えられている権利はほとんどないに等しく、女性は生涯を通して法律の網の目からこぼれ落ちた存在で、自分たちを守るすべを持てなかった。まず女性は銀行に口座を持てず、財産権がなかった。だから夫が死ねば夫の実家が息子の財産を相続し、妻はそれまで住んでいた家から強制退去させられた。アパルトヘイト政策を敷いて白人優位の国家を作ろうと白人の権力者たちが黒人への抑圧を法律によって成文化していった社会で、黒人女性は人種と性別の二重の差別を受けることになった。

それに対して女性の活動家たちは、クリーニング、服の仕立て、家具製造やパン焼きなど、長く女性が労働をになってきた産業分野で労働組合を作った。リーダーシップをとるために周到な訓練を受けた女性たちは、労働組合を組織して権利を主張し、労働条件を改善させた。1954年に政治改革を目的とする「南アフリカ女性連合」が結成された。女性たちは、多数決原理の導入、アパルトヘイト政権の打倒、女性の権利と自由の保障を求めた。

女性たちは黒人が強制的に住まわされている都市の郊外タウンシップから中心部までのバス運賃値上げ反対闘争を組織し、毎日16キロも歩いて通勤してバスのボイコット運動を起こした。抗議活動に集まった5000人の女性たちが、武装した警官に殴られ、何千人もが逮捕された。政府がバス運行を完全に止めてしまう法律の制定を発表したときも、女性たちは屈しなかった。最終的に屈したのは政府のほうで、バス運賃値上げは撤回された。

1950年代に入って、反アパルトヘイト運動で刑務所送りになり、亡命し、ときには死んでしまう黒人男性が増えてくると、南アフリカで黒人の市民権獲得のための運動をになう主力はしだいに女性たちとなった。夫のネルソン・マンデラが27年間ロベン島に収容されている間、妻のウィニー・マジキゼラー・マンデラは少数の白人権力者の力を少しずつ削りとっていき、最終的に夫を釈放させて反アパルトヘイト運動の旗手として蘇らせ、アパルトヘイト政権を終焉させた。

「我々の前にある道は険しいものだとわかっている。だがどれほど苦難に満ちていても正義のために死ぬまで闘い抜くつもりだ」とウィニー・マンデラはいった。たしかに苦難に満ちた闘いだった。ウィニー・マンデラのこの発言を脅しととった政府は、ウィニーを逮捕し、投獄し、拷問した。釈放されてからも、ウィニーは黙らなかった。

南アフリカ社会の男女平等が抱える矛盾

8月9日がやってくるたびに、南アフリカはそんな女性たちを称える。各家庭によって、また町によって、称えかたはさまざまだ。主婦は家事の手をいっとき休めて、横になって休むことで思いをはせるかもしれない。女友だちのグループはレストランで食事をともにし、前の世代の偉大な女性たちをともに称えるかもしれない。オフィスでは、働く女性たちのために道を切り拓いてきた先人たちを思い出す時間を設けるかもしれない。最近では1956年の抗議デモ行進を再現して行進することが増えてきた。

2011年、私たちが南アフリカを訪れた年には、リムポポ州北部の小さな埃っぽい町で、ひとりの女性ががりがりと雑音が入るマイクを通して私たちに語りかけてきた。女性はヴェンダの方言にときおり英語を交えて話したが、私たちには彼女のいいたいことが伝わった。

「アパルトヘイトに抗議した勇気ある女性たちに私たちは感謝しています。あのときの行動がなかったら、女性たちに選挙権が与えられることはなかったでしょう。今日、私たちは人生で出会う強い女性たちを称えます。私たちを守り、いつくしみ、人生の進む道を導いてくれる母、姉妹や友人たちです」。女性のスピーチは天幕のなかにこだました。

スピーチが終わって拍手が鳴り止むと、集まっていた女性たちの半分がどこかに行き、手にしたカラフルな陶器や籠に食べ物をいっぱい入れて戻ってきた。いよいよ昼餐だ。

テーブルに皿が並ぶと、首領が席から立ち上がり、手に持った皿に料理をとった。特別な客である私たちがつぎにセルフサービスで料理を皿によそった。私たちのあとに村の男性たち全員、つぎに騒々しい子どもたちが列に並んだ。終わったところで最後に女性たちが料理を皿によそった。グラニーたちがアメリカを訪問したとき、南アフリカからグラニーたちと一緒にやってきた男性たちが、つねに特別待遇を受けることを当然とする光景を私たちは目にしてきた。並んでいる人たちを無視して、まず自分たちの皿に料理をとったり、バスの一等席に座ったり、高齢の女性たちが荷物を運ぶのを手伝おうともしなかったことに私たちは驚いた。だが驚いたのはそのことだけではない。女性たちが男性たちのそんな態度に少しも腹を立てないどころか、喜んで男性を優先させているように見えたことに、私は違和感を覚えていた。アメリカで私は南アフリカの人たちのそういう光景を見るたびに不快に思っていた。非難せずに見過ごして、社会によって道徳規範やエチケットは異なるのだからと考えようとしてきた。しかし「女性と子どもを優先させる」という文化のなかで育ってきた私には、騎士道精神の真逆をいく南アフリカの人たちの態度を見ることは心理的に負担だった。

村の女性たちは首領や長老が前を通り過ぎるまで地面にひれ伏して、姿を見ることさえも許されない。もし私が女性はそうすべきだと子どものころから教えられてきたら、男性優位は自然の理にかなっていると考えるのか？　男性のほうが先に食事の列に並んで、先にバスに乗るのが礼儀と考えるのか？　女性は男性に守られるべきなのか？

正直にいうと、私は女性を優先させることが自然なのだとまでは思っていなかった。でもあくまでも男性優位を当然とする社会の光景を見せられると気持ちは複雑で、自分のなかでどう考えていいのか悩みは深くなるばかりだ。自分を納得させられる回答は見つけられなかったし、正しい答えはないのだろう。

昼餐では村の人たち全員が食べるのに十分な食料が用意されていたが、自分の皿に料理をよそいながら私はとりすぎないように注意した。皿はたくさん並んでいたが、乾燥させた穀物や乾燥野菜から作られた料理が多いように思った。新鮮な果物や野菜は、水が貴重な地域では不足しているのだろう。モパネワームの入ったボウルもいくつかあったが、私はほかの人のためにとらずにおいた。

お皿をいっぱいにすると私はカトリーヌの隣の席に戻り、ランチをおなかに詰めこんだ。料理が並んだテーブルを村の女性たちがゆっくりと皿に取り分けながら回る姿を見ながら、私は妄想にふけった。もしコミュニティの首領が女性になったら、どんな光景になるのだろうか。首領には男性がなるのが通例だが、何回か長老たちが女性を選んだこともあったそうだ。夫が亡くなり、長男がある程度成長するまでの間、一時的に妻が首領をつとめたときがあったという。首領になった女性は、きっと知恵があり公平な人物で、男性と変わらない判断力があったのだろう、と思いたいのは山々だ。だが実際には夫が亡くなって首領になった女性たちは、非常事態のためにやむをえずに就任したとみなされる。女性が権力を持つことに不安で不満な親戚の男性たちからたえず要求を突きつけられ、ときに脅されたり、一時的な地位だからと軽く見られたりするという。ときには女性が主導して健康教育を優先させ、コミュニティの女性や子どもたちの発言に耳を傾けることもあったそうだが。

アパルトヘイト政権下では南アフリカの女性議員はわずか3%しかいなかった。ネルソン・マンデラとアフリカ民族会議が政権を掌握したとき、その10倍の30％まで女性議員の割合は増えた。今日、南アフリカの立法府の重要ポストの半分は女性でしめられている。

それほど女性が社会進出するようになったいまでも、グラニーたちは夜ひとりで外を歩けない。「私はひとり暮らしなので、いつも怯えている。レイプや強盗がこわい。いつ家に押し入られるかわからないし、悪くすると家で殺されるかもしれないから」とブルは訴えた。

南アフリカの歴史の大いなる矛盾はここにある。植民地になる前の時代から現代にいたるまで、女性たちのパワーが国を動かしてきたのはたしかだが、その一方で女性たちへのジェンダーに基づく暴力や性暴力、ＤＶの件数は少しも減っていない。ブルが暴力夫に立ち向かったときの言葉を思い出す。殴る夫にむかってブルは叫んだ。「私は犬じゃない」

若い女性を一人大学に送る。高齢女性とその孫たちを保護するためのシェルターを一軒建てる。女性のサッカーチームをもう一つ作る。ベカは女性たちを救うための闘いを今日も続けている。

ランチ後、村の女性たちが短時間サッカーの試合をした。私たちはサイドラインから手を叩き、声を張り上げて応援し、女性たちは笑顔でそれにこたえた。試合が終わると、太陽は傾き始め、また長いドライブで帰途につく時間になった。

「私たちが帰る前に贈り物をしたいと首領がおっしゃっている」とベカが私に話した。驚いて眉が上がった。首領自身が手作りの籠が並んだテーブルの横に立っている。私たちが近づくと、首領はうなずき一人ひとりにプレゼントを手渡した。自分の分を受け取って私は首領にお礼をいった。黄、黒と緑の紐で編まれた手提げがついた籠だ。熟練の技を感じさせる見事な出来栄えだ。手に取ってじっくり眺めて、私はその材料がプラスチックだと気づいた。ゴミとして捨てられてしまう素材が、こうやって見事に美しく役立つものに生まれ変わっている。

その夜遅くの夕飯の席で、ベカが教えてくれた。首領は私たちにもっとすごいものを贈りたい、牛はどうだろうか、といったそうだ。幸いなことに首領は、賢明に如才なくほかの贈り物を提案したベカの言葉に耳を傾けてくれた。牝牛をどうやってアメリカの税関を通すか私たちが頭を悩ますだろうと心配しての配慮だったにちがいない。

本当に思慮深い人だ、ママ・ベカは。

第16章　バオバブの木

私はあの人たちが安全な場所にいてほしい。
座ることができて、歌えて、愛が感じられる場所に。

――レベッカ〝ベカ〟・ンツァンウィジ（サッカー・グラニーズ創設者）

ラジオでサッカー・グラニーズについて話す

私は自分の強味を知っている。論理的だし、段取りが得意だし、やるべきことを順序立ててこなしていくタイプだ。口のなかでとろけるようなチョコレートチップ入りのブラウニーが作れるし、気さくで誰とでも仲良くやっていける。でも自分の弱いところも自覚している。高所恐怖症で高いところに登ったら手すりにしがみついて下が見られない。ヒールのある靴はぜったいにはかない。社交的ではないから、どうしても出席せざるをえないパーティーでは夫の腕にしがみついて離れない。

そんな内弁慶の私だから、世界じゅうに放送されるラジオに自分が出演する必要があると事前に言われたら、心中穏やかではいられなかっただろう。南アフリカ国営放送（SABC）のラジオ番組に招かれて、ただそこにいて聴いていればいいといわれていたのに、アナウンサーがライブ放送で突然私の紹介を始めたときは、驚きのあまり固まってしまった。

「ママ・ベカのご友人たちを今日はお招きしました」。アナウンサーはよく響くバリトンでいった。

はめられた。

南アフリカでワールドカップが開催された日

帰国する前日のことだった。翌日に私たちはヨハネスブルグからマサチューセッツに向かう飛行機に搭乗することになっている。その最終日にベカは私たちをリムポポ州の州都であるポロクワネに案内した。ポロクワネの街めぐりは、草原のサファリでヌーが草を食むのを眺めたり、グラニーたちの地元で歓待されたり、街から遠く離れた村で南アフリカの「全国女性デー」を祝って異文化体験を味わったりするのとはまったくちがった。

私たちは近代的な高層ビルが立ち並ぶ街路をドライブし、緑あふれる公園が広がる街の風景を窓から眺めた。南アフリカにはサバンナもあれば、近代的都市もあるのだ。ポロクワネのツアーで一番興奮したのは、２０１０年に第19回ＦＩＦＡワールドカップの試合が行われたスタジアムを見学したときだ。

２００４年5月15日、ネルソン・マンデラ大統領はチューリッヒで開催されたＦＩＦＡ総会の最前列に座る栄誉を与えられた。演台に立った当時のＦＩＦＡ会長、ジョゼフ〝ゼップ〟・ブラッターは大きな白い封筒を受け取り、２０１０年に開催されるワールドカップのホスト国を発表した。封筒から引き出されたカードに印刷された「南アフリカ」の文字が画面に映った瞬間、南アフリカで待ち構えていた人たちは歓喜の叫び声を上げ、多くの人が涙を流した。マンデラの頬にも喜びの涙が流れ、「タタ（父）」とマンデラを慕う人々が彼を抱きしめた。

ワールドカップ74年の歴史上、アフリカで開催される初めての大会となる。国際社会がアパルトヘイトを施行する南アフリカに科していた制裁が解けて、民主主義国家となってわずか27年の若い国は、スポーツの国際試合に参加できるようになってまだ20年しかたっていない。長期にわたって国際的な活動から疎外されていた国が、ワールドカップという世界最大のスポーツイベントを開催するのだ。

南アフリカにとってその決定は国の未来を大いに楽観させ、誇りを抱かせるものだった。まもなく試合開催地として9都市が選ばれ、ポロクワネがそのひとつだった。街の再開発計画にそって大々的な工事が始まり、10億ドル以上をかけた再開発の目玉となったのがサッカースタジアムの建設だった。ピーター・モカバ・スタジアムはバオバブのイメージでデザインされている。アリーナの四隅に南アフリカのアイコン的なバオバブの頑健な幹を模した塔が屋根を支えている。屋根は季節風や雨季に対応できる設計になっていた。一見に値するスタジアムだ。ワールドカップ期間中、そのスタジアムで4万1000人が南アフリカでもっとも愛されているスポーツを観戦した。

ポロクワネを案内しながら、ベカはワールドカップの開催がポロクワネにとって、また南アフリカ全体にとってどれほど意味があったかを繰り返し強調した。雇用創出、インフラ整備、都市再開発によって南アフリカ経済は活性化し、国民には国への誇りが生まれた。「スポーツの重要性を人々がしっかり理解し、スポーツによって世界じゅうから人々を集められるとわかったのです」とベアトリスが私に話した。それはベアトリスが心に刻んでいるテーマだ。

街のツアーのあと、私たちはママ・ベカを南アフリカ全土で尊敬を集める存在にした。南アフリカ国営放送（SABC）の放送センターに向かった。SABC放送センターはポロクワネで圧倒的な存在感を示している。5つのテレビ局と19のラジオ局で全国放送しており、そのひとつのラジオ番組でベカは毎週リスナーが電話で参加する番組のホストをつとめている。

ベカが私たちを案内して、両側がガラス張りになっている広い廊下をわたった。窓からポロクワネの夜景が見える。アナウンサーがヘッドホンをつけて座っているのがガラス越しに見えた。ホストが大きな身振り手振りで何事か話している。スタジオの上に「オンエア」のサインを探したが、それはひと昔前の話でいまはそんなサインは出ないらしい。

ベカが別のスタジオのドアを開けて、私たちに入るようにと促した。ベカがほっそりと背の高いアナウンサーに何事かささやくと、彼はにっこり微笑んでうなずいた。私はあたりを見回すのが忙しく、ベカがそっとスタジオを出てドアを閉めたのにうっかり気がつかなかった。

「リスナーのみなさん、今日私たちはスタジオに特別ゲストをお迎えしています。お名前を教えていただけますか？」

アナウンサーがやわらかな声で私たちに聞いた。もしそのときスマートウォッチをつけていたら、きっと心拍数が危険レベルにまで上がってアラームが鳴っただろう。アナウンサーが私たちに彼の前にあるマイクに近づくようにと合図をした。私の片側にはカトリーヌとアリソンが、もう一方の側にはヘザーがいて、逃げ出そうとしても無理だ。だがアナウンサーはさすがにプロで、私たちの緊張をあっという間に解いた。私は握りしめていた拳をほどき、いつの間にかリラックスして、アメリカでサッカーをしている仲間であることや、アメリカでは世界のほかの地域とちがってサッカーがあまり人気のあるスポーツではないことなど、あれこれしゃべり出した。

「アメリカのみなさんが愛していらっしゃる野球より、サッカーは運動量がはるかに多いですね」とアナウンサーが念押しするようにいった。私は野球に興味を持ったことがない。アメリカン・フットボールにも、だ。野球もアメフトも待ち時間が長い。私はつねにテンポよく動いているスポーツが好きだ。

そこでアナウンサーはすばやくバケイグラ・バケイグラに話題を振った。「ベカはいまグラニーたちのサッカーチームを8つ立ち上げています」と私は勢いこんで話し出した。私の舌は国際放送デビューへの緊張がとけてなめらかになった。「サッカー・グラニーズはアメリカの私たちだけでなく、南アフリカの若い世代の女性たちにとってもすばらしいロールモデルです」

おばあさんたちがサッカーなんて、と最初は笑っていたとアナウンサーは打ち明けた。「でもいまではサッカー・グラニーズを尊敬しています」といって、自分自身の祖母にチームのひとつに入るように勧めたといった。いまのところまだスパイクをはくところまでいってないそうだが。

アメリカにサッカー・グラニーズを招待するまでさまざまな困難にぶち当たったこと、でも何が起きてもベカがつねに前向きな姿勢を崩さず、計画が頓挫したように思えたときにもきっとうまくいくと確信していたことを話した。「そうなんですよ。ママ・ベカはそのポジティブな姿勢で山をも動かすんです」とアナウンサーが満足げな様子でいった。

そこまで話したところでブルーのライトがついた。あと1分でコマーシャルに入るという合図か？　アナウンサーは何事か書き留めて、私たちに最後の質問をした。

「私たちは南アフリカでグラニーたちがサッカーをしている姿を見ています。そしてアメリカからいらしたみなさんは引き締まったスポーツウーマンの体形をしていらっしゃる。そこで教えていただきたいのですが、グラニーたちはどうやってトロフィーを獲得したのですか？」

私の心拍数がまた上がった。マイクの前のカトリーヌ、アリソン、ヘザーと私は視線を交わした。咳払いをしたい衝動に駆られたが、それを抑えて私は肩をすくめて、マイクに近づいていった。「みなさんはトロフィーをご覧になりましたよね。トロフィーを獲得したことは疑いようがありません。みなさんのサッカー・グラニーズは皆に感動を与えてくれたのです」。とっさの機転で出てきた言葉だった。仲間たちはすぐに「そう、そこよ」とばかりにうなずいた。

ブルーのライトに救われて、アナウンサーは答えになっていないその答えで私たちを釈放してくれ、「立ち寄ってくれてありがとう」といって番組を終わらせた。

私たちは転がるように廊下に逃げた。「ベカ！　ラジオに出演するって最初に警告しておくべきよ！」。ヘザーが抗議した。

「私たち、大丈夫だった？」と私が聞いた。

ベカは笑っているだけだ。「ありがとう、ほんとありがとう、私のたいせつな友だち。完璧だったわよ。南アフリカの人は誰もがサッカー・グラニーズのことを聞いたことがある。だから私はみんなにグラニーたちが尊敬するに値する人と知ってもらいたかった。私はグラニーたちを愛している。だから南アフリカのみんなにもグラニーたちを好きになってほしいのよ」

振り返ってみると、もしベカが前もってラジオの生放送に出てグラニーたちをＰＲしてほしいと頼んでいたら、たぶんボストンに帰る飛行機を早い便に替えていただろう。だから不意打ちで出演させたベカの戦略は正しかった。

弱い立場にある女性たちを守るベカの壮大な事業

ベカとのお別れの時間はあっという間にやってきた。翌朝、いよいよ帰国の途につく日になり、私はさびしさが募るばかり。また友だちと別れるのが耐えられない。旅立ちを見送るためにやってきたベカは、息つく暇もないほどしゃべりまくった。たぶん別れをいうまでの時間を引き延ばすための作戦だろう。

南アフリカの高齢女性たち、とくに認知症をわずらっている人たちを守るための壮大なプランについてベカはとうとうとしゃべり続けた。弱い立場にある高齢女性たちが、介護され生き延びられる高齢者向け住宅を作るというプランだ。すでに候補地が頭のなかにあるという。住宅建設のための資材と労働力の確保は大丈夫と胸をはる。いったい何軒建てるつもりなのだろう？　共済組合からの支援と政府の補助金でケアワーカーを雇う手立てもついている。彼女の頭のなかにはすでに具体的に青写真が描かれていた。「高齢者のためのママ・ベカ・ホーム」の看板が私の目にも浮かぶようだ。ママ・ベカ以外にこの計画を実現できる人はいない。

「私は私にできることを、できるかぎりやっていこうと思っているだけなの」とベカはため息をついた。「老人ホームはいずれ作られるでしょう。でも時間がかかる。いま私は認知症について啓蒙活動をしている。自分の母親を医者に見せなさいとみんなに勧めているのよ」。そして自分のまわりのグラニーたちにサッカーを勧めている。定期的に少しでも身体を動かすことで、認知症の進行を抑えることができると知っているからだ。そうすれば高齢女性たちを襲う犯罪もぐっと減るはずだ。

南アフリカに滞在中にベカから学ぶ時間をもっととればよかったと思った。だからぜひともまた南アフリカに戻ってこよう。また会える日まで、ベカや南アフリカの友人たちと連絡をたやさないようにしよう。大西洋をはさんで、私ができることをやっていこう。ベカと知り合って1年半で、私は彼女の夢に出資してきた。何よりも南アフリカの弱い立場に置かれている女性たちの居場所を作り、食べ物を確保し、安全を確保するというベカのライフワークを手助けしていきたい。

いよいよヨハネスブルグのO・R・タンボ国際空港に向かわねばならない時間になった。

「ベカ、さようならをいわなくちゃいけない。ありがとう。あなたの世界を見せてくれて、本当に感謝している。どれほどすばらしい体験だったか、とても伝えきれないほど」

とへザーがベカの両手を握りながらいった。

「すぐよ。すぐに南アフリカでサッカー大会を開催するから」とベカはいった。ママ・ベカは構想を練り、計画を立て、夢を見ることをいっときも休まない。「世界じゅうのいろいろな国のおばあさんたちのチームが参加する大会を開くわ。もう準備を始めているの。あなたたちも必ず来てね」

「私はぜひ参加したい」と私はいった。

「みんな参加しなくちゃだめ。ここにやってきて、私たちといっしょに歌って踊るのよ。サッカーをしなくたってかまやしない。私たちや私たちの生活を理解してくれたら、それが私たちの助けになる。そう、私はグラニーたちのワールドカップを開きたいのよ。死ぬまでにぜひともやりたい」

死ぬなんて言葉を私はベカの口から聞きたくなかった。この女性の死を受け入れる準備は、まだ私はできない。

別れの抱擁をかわした。涙があふれ出た。それでも無理して笑顔を浮かべた。「もうすばらしすぎるわ、ベカ」。声をふるわせながら私はいった。「ほんとすばらしかった。ありがとう」

ママ・ベカはバオバブの木のような人

空港に向かう途中で最後の寄り道をした。ベカがぜひ見てほしいと主張した、樹齢がとりわけ長いバオバブの木を見るためだ。手書きの道標がわき道への曲がり角を示していた。私たちは未舗装の道をサビ色の土埃をあげながら低木の茂みで食事をしているダチョウの群れの脇を1キロあまり走った。やがて遠くの地平線上にそびえるように立っている巨木が目に入った。伝説では、悪魔がそのバオバブの木を引っこ抜いて、上下反対にして地面に突っこんだという。だから、私たちが目にしているのは根っこなのだ。

私たちは人気のない駐車場に車を停めておりた。カレンと私は重厚な幹の傍らに立ち、大きく広がった枝を見上げた。

「高さはどれくらいだろう?」と私はつぶやいた。

4階建てのビルくらいはありそうだから、高さ12メートルを超えるほどではないか。樹齢は2000年以上といわれているそうだ。

バオバブの木はアフリカの32ヵ国で見られる。雨季に水を幹に蓄えることができるので、乾季を生き延びられる。葉は鉄分を豊富に含み、ほうれん草のように食べられる。種は炒って圧搾すればオイルがとれる。ひょうたん形の実の果肉は搾ってジュースやジャムになり、ビールまで作ることができ、ビタミンCの含有量はオレンジの6倍にもなる。バオバブは人間だけでなく、サバンナに生きる動物たちの住処となり、食料や水を提供してくれる。幹の表面の樹皮がはがれおちていることがあるが、それは樹皮の下の水分を多く含む部分を象が鼻でこそげとるからだ。

私は数歩下がってこの巨大な木を眺めた。もっと感動にひたっていたいところだが、ヨハネスブルグの空港に急がねばならない。車に戻り、ヘザーが運転する車を先頭に私たちは偉大な木に別れを告げた。

あと20分ほどで空港に着くというところで道を曲がると、ヘザーの車が2人の警官に停められている。私は減速して道路脇に車を停め、いったい何事かと不安に駆られながらヘザーの車のほうへと歩いていった。

「スピード違反したらしいの」とヘザーが説明した。「私が南アフリカ在住ではないから、この警官が違反チケットを切れないというのよ。隣町の警察署まで来てくれというの」。ヘザーは不安な面持ちでいった。「帰国便に間に合わないんじゃないかと思う。あなたたちは先に行ってちょうだい」。そんなことといわれても、ここで別行動になるわけにはいかないと私は思った。警官が書類を手にこんどは私たちのほうにやってきた。突然、ヘザーが顔を輝かせた。「もしかして、ベカ・ンツァンウィジをご存じではないかしら？」

「ラジオ・パーソナリティーの人？」と警官はとまどいながら聞いた。「ママ・ベカなら誰でも知っていますよ」

かすかな希望の光が差してきた。

ヘザーは勢いこんでいった。「それならサッカー・グラニーズをご存じでしょ？」。警官は眉を上げてうなずいた。いまやヘザーは興奮が抑え切れない表情でまくしたてた。「私たち、アメリカにサッカー・グラニーズを招待したアメリカ人なんです。ベカとグラニーズを訪ねて、あなたのこの美しい国にやってきたのよ」

警官は「ちょっと待って」といって、相棒のところに話にいった。ふたりは満面の笑みを浮かべて戻ってくると、相棒の警官のほうがいった。「アメリカに行った肥満したグラニーを覚えているかい？　歩くのに苦労していた人だよ」。思い当たるグラニーがふたりくらいいる、と私は思った。「思い出したわ！」。ヘザーが勢いこんで如才なく叫んだ。「私の祖母なんだ。アメリカでサッカーをするってすごいじゃないかと、私も大興奮だった。生まれてはじめての旅行だったんだよ。リムポポから出たことがなかったからね。もう一生忘れられない思い出になった。私らもほんとばあちゃんが自慢でね。ばあちゃんを助けてくれて、ありがとう」

最初の警官が低い声でつけ加えた。「ここで引き止めるわけにはいかない。早く行って」

私たちは大袈裟なほど感謝を伝えて、急いで車に戻った。そうだ、別段驚くことではない。南アフリカでは誰もがママ・ベカを知っているのだから。

ママ・ベカはまるで大きく枝を広げたバオバブの木のような人だ。バオバブのように人々の命を支え、保護している。地面の下にはっている根っこがどれほど偉大かを想像してみてほしい。地球上で最大の、樹齢がおそらく最長のバオバブの木は、地面の下でみっしりと根をはっている。森のなかでは木々や植物たちが互いに栄養を分かち合い、危険が迫っていると察知するとすみずみまで知らせ、森全体が健全に生育できるように助け合っている。地面の上では木々は離れているが、地面の下ではひとつのコミュニティを作っているのだ。

私はベカのコミュニティに入れてもらった。南アフリカの女性たちが前の世代よりも強く、より安全に生きていけるようにする、というのがベカの夢で、私はその夢の実現を手伝うチャンスをベカにもらった。力強く生き、どんな困難にも屈せず、人を救うこと。ママ・ベカは南アフリカのアイコンであるバオバブの木のような人だ。

エピローグ　サッカー・シスターズ

私たちが互いに愛し合ってひとつになれば、世界を変えて、ひとつにまとまることができる。サッカーは私たちをひとつにしてくれる。

――レベッカ〝ベカ〟・ンツァンウィジ（サッカー・グラニーズ創設者）

世界に広がるサッカー・グラニーズの輪

2022年夏。グラニーズたちがアメリカを訪問してから12年が過ぎ、私が南アフリカで友人たちと親交を深めてから11年が過ぎた。私たちの心はいまも変わらずつながっている。

大西洋の向こうのンコワンコワの練習場で、グラニーたちは今日も元気にボールを蹴っている。並べたオレンジのコーンの間をドリブルし、シュート練習に余念がない。ベカは試合の動画を送ってくれ、私はなつかしい顔を見つけるたびに自分もフィールドで一緒に試合をしたいと思う。グラニーたちのゆるぎない決断力とくったくのない笑いがまじりあった喜びに満ちた顔は、年齢を重ねて経験を積んだ人が持つものだと思える。

レクスプレッササスも週に数回の練習を続けているが、寄る年波には勝てず、関節の痛みを訴える声が多くなった。人工股関節置換手術を受けたチームメイトが、またフィールドに戻ってきてサッカーに取り組む姿を心から称賛している。カリフォルニアの70代のサッカー選手、リン・ナフテルはいう。「歳を取ったからといって、サッカーをやめるわけじゃない。サッカーをやめるから、歳を取るのだ」。その言葉が私のモットーだ。

リムポポに戻ったベカは、相変わらず超多忙だ。高齢女性がサッカーをする場を作るというベカの創意あふれる企画は発展し、南アフリカの9つの地域に84のグラニーたちのサッカーチームができて、日々ビューティフル・ゲームを楽しんでいる。そんなグラニーたちの姿は高齢者に対する人々の見方を変えた。おばあさんたちは、自分たちのコミュニティでいなくてはならない頼もしい存在と認められ、力強く健康で人生を楽しんでいる姿が憧れの対象になった。試合をするごとに、チームが増えるごとに、バケイグラ・バケイグラはあとに続く人たちを増やしていった。

南アフリカにとどまらず、サッカー・グラニーズは国境を越えて仲間を増やしている。ワールドカップのたびに、サッカー・グラニーズは熱狂をよんだ。２０１４年のＦＩＦＡワールドカップ、ブラジル大会では、コカ・コーラがサッカーの力と美しく老いることを称えるＣＭでサッカー・グラニーズを紹介し、ベカとグラニーたちはリオに招かれて試合を観戦した。４年後の２０１８年ロシア大会でもサッカー・グラニーズは注目を集めた。

そしてついにヨーロッパにもグラニーたちは上陸した。２０１９年ＦＩＦＡ女子ワールドカップを前に、ベカは南アフリカじゅうをまわってトライアウトを行い、フランスで試合をするためのベストの選手を選抜してチームを組んだ。ブルとリッジーは当然ながら選ばれた。アメリカ遠征がかなわなかったクーンは、フランス遠征を逃すわけにはいかなかった。南アフリカを代表するバケイグラ・バケイグラのゴールキーパーに選ばれたとき、クーンは喜びの雄叫びを上げたそうだ。

「フランスに旅立った日、私は飛ぶ機械のなかで大興奮だったよ」とクーンはいう。「空飛ぶ機械に乗るなんて怖くないのかってみんなに聞かれたけど、そんなもん怖くないよ、と私はいってやったよ。空飛ぶ機械に乗っている人は、今では大勢いて、みんな無事に帰ってきてるじゃないか。神様に誓って必ず無事帰ってくるよ、と私はいってやったよ」

シャルル・ドゴール空港から地下鉄に乗るグラニーたちの姿を、ベカはビデオに撮って私に送ってきてくれた。グラニーたちは相変わらず踊ったり歌ったりしていた。見物人たちの注目を集めたのはまちがいない。でも私は確信している。グラニーたちは見物人たちをきっと元気にしたにちがいない。

フランスでグラニーたちは、フランスのおばあちゃんチーム「レ・マミー・フット」と試合をした。サッカー歴の長い南アフリカの選手たちは10ゴールをあげ、首にメダルを下げて帰国し、トロフィーをもうひとつコレクションに加えた。

グラニーたちのワールドカップを開催したいというベカの夢は、COVID-19によるパンデミックのために保留になった。世界じゅうに感染が拡大し、私が暮らす地域でも感染状況に住民たちは不安におののいた。しかしンコワンコワの状況については、不安以上に恐怖をおぼえた。マサチューセッツの自宅のパソコンの前で、毎日南アフリカの感染状況をチェックし、ワクチンが地方にまで届くのはいつになるのかと気をもんだ。

感染症の不安がつのっていた時期に、ベカは地元の状況を私に報告してくれた。南アフリカのシリル・ラマポーザ大統領は、パンデミックが最悪の状況を引き起こさないように政府としてできるだけのことをし、経済への副次的な影響に耐えてほしいと懇願した。人々が恐怖を味わい、社会が不安定になり、リスクが増すなかで、ラマポーザ大統領はリーダーシップを発揮していた。

それでもCOVID-19の感染が広がるなか、南アフリカの人々の生活は追いつめられていた。働く人と顧客を守るために商売がストップしたとき、ンコワンコワの町は大打撃を受けた。「パンデミックのせいで私は失業した」とグラニー・オモはいう。オモが働いていた保育園は、子どもたちの安全を守るために運営をやめ、オモは仕事を失って収入を断たれた。オモのような人たちは大勢いて、苦しかった生活がますます追い詰められた。

公衆衛生の観点から休業はやむを得なかった一方で、長期にわたって南アフリカの人々を苦しめている問題がますます深刻になった。穀物と果物の生産が減少し、2018年と2019年の2年にわたる旱魃で減っていた食糧生産が、危機的なまでに落ち込んだ。政府の補助金や食料配給に頼る人たちが数百万人も増えた。アクティビストのベカはとうもろこしの50ポンド袋の寄付をつのり、自分のコミュニティでもっとも必要としている人たちに配布する手立てをとった。

小さな親切は暗闇のなかを照らすロウソクの光である。光が一筋も差し込まない真っ暗闇のなかに置かれたと感じ、疲れ果てて立ち上がる元気もないと感じたとき、南アフリカの人たちは踊った。リムポポのミュージシャンが作曲した「ジェルサレマ」が2019年の年末にリリースされてちょっとしたヒットとなった。2020年夏、救いと故郷を求めるアップビートのゴスペル・ソングが、希望を求める世界じゅうの人々の心に響いた。9月に「南アフリカの伝統を称えよう」とラマポーザ大統領は呼びかけた。「#ジェルサレマチャレンジに加わって、私たちのよい音楽、よいダンス、よい活動を世界の人々に見せよう」とSNSでの拡散を求めた。サッカー・グラニーズはその呼びかけに応えて、歌に合わせて腕を振り、腰をふるわせるダンスをビデオに撮ってすぐにシェアを始めた。

グラニーたちがツォンガの伝統衣装にサッカーのユニフォームを組み合わせ、私たちも一緒に親善試合をしたグラウンドに集まり、みんなでステップを踏んで踊る動画を食い入るように何度も見た。以前とちがうのは、みんなマスクをして距離をとって踊っていることだ。人との距離をとらねばならなかったこの時期に、グラニーたちがみなで集まっていっしょにダンスをしているそのビデオに私は感動した。ママ・ベカが「アメリカでもこういうビデオを撮って送って」といってきたので、レクスプレッサスのチームメイトと私は喜んでその挑戦を受けて立った。

孤独に過ごした長いロックダウンの期間があけてグラウンドにまた集まれるときがやってきて、私たちはジェルサレマにあわせて一緒に踊った。グラウンドに立てるのがどれほど嬉しかったことか。私たちのダンスは南アフリカのシスターたちと比べると、お世辞にも華麗とはいいがたかったけれど、少なくとも愛は伝えられたと思う。

ＣＯＶＩＤ－19の治療法が安定し、ワクチンのおかげで旅行ができるようになると、ベカはまたグラニーたちのワールドカップ開催について話すようになった。ベナン、トーゴ、ジンバブエ、ギニア、モザンビーク、ガーナとマラウィのチームが参加の意志を表明した。どこもバケイグラ・バケイグラに刺激を受けて高齢女性たちがサッカーを始めたそうだ。フランスのレ・マミー・フットも参加するし、もちろんアメリカから私たちレクスプレッサスも出場する。コーチのエイブラハムは招待チームを大歓迎すると興奮気味に話す。「世界に私たちがやっていることを見せたいね」

サッカーはみんなのもの

ベカの癌が寛解状態で、ほかの人たちを助けることにベカが頭もエネルギーも使えていることが私にはかぎりなく嬉しい。だが会えない期間に何人か友だちを亡くしたのは悲しい。２０１６年にグラニー・エニー・モヨが65歳で亡くなった。ベカはベアトリスが埋葬のときに弔辞を読んでいる画像を何枚も送ってきてくれた。ブルもいた。おしゃれなスカートをはいて帽子をかぶっている。アメリカではアン・ストロングが亡くなった。女性や女の子たちにサッカーをする場をいくつも作ってきてくれた恩人で、グラニーたちをアメリカに呼ぼうと最初に言い出したのはアンだ。２０１３年、肺癌で亡くなった。68歳だった。

私たちの生命には限りがある。そのことをしっかり心にとめて、毎日をたいせつに生きなくてはならないと思う。何事も、あって当然と思い込んではいけない。身体を動かすこと。友情を育むこと。自分にできることがあることを喜ぶこと。そんなことがたいせつだ。86歳のグラニー・ギンギリカニ・ミリアム・ムシュワナはいう。「この歳まで生きていられたのは、自分をたいせつにケアしてきたからだ」。エクササイズをすること。健康にいい食べ物をとること。自分を甘やかすのは最低限にしておくこと。自分をたいせつにすること。「神様がもうこちらにいらっしゃいと呼ぶまで、自分の身体をケアすることだよ」とグラニー・ムシュワナはいう。

最初にグラニーたちのビデオを見てから、自分の人生がどれほど劇的に変わったかを振り返ると驚くばかりだ。いま私は、資金集めに情熱を注ぎ、人前に立って話をすることを恐れない。以前の私はただ黙って座っているだけだった。人々の気持ちを動かそうと熱心に話したりすることは、私がもっとも苦手とするところだった。スポットライトを浴びることに臆する気持ちを、私は克服した。グラニーたちが私の心の扉を、以前よりもっと大きな世界へと開いてくれた。私はグラニーたちの物語を、できるだけ遠くまで、できるだけ多くの人たちに届けたい。

私の南アフリカの友人は楽しい人たちで、自分のパワーを感じ、自分が生きていることに感謝している。背負っている荷が重くなると、「ああ、それでも人生は続くんだよ」と哲学的な言葉をつぶやいて自分を励ます。生命は自分たち自身よりも大きく、自分たちは大きな世界のなかの一部でしかないと知っている。だから人と集まり、互いに支え合い、何か美しいものを創っていくのだ。互いに手を取り合い、もっと大きな夢を実現するための勇気を互いに与え合う。

80歳のグラニーがサッカーボールを蹴るとき、彼女は宣言している。「私もこの世界の一員だ」と。グラニーたちが自信を持ってボールを蹴る姿は、サッカーは男性だけのスポーツではない、と私たちに教えている。サッカーは誰もが楽しめるスポーツだ。運動競技は若い人たちだけがやるものではない。どの年齢になっても、どんな体形でも、運動神経があろうがなかろうが、私たちは美しく身体を動かすことができる。

グラニーたちは私の先生で、より充実して喜びに満ちた、意味のある人生を送る術を教えてくれる。そしてグラニーたちの人生をそんなふうに花開かせたのが、やさしいママ・ベカの説得だった。

私は底なしの寛容さを持つベカを自分のロールモデルにするようになった。弱い立場にある人たちが何に困っているかを見定め、問題を分析し、自分が持てる利点、能力と地位を惜しみなく使い、守り、慈しみ、元気づける。グラニー・マコマ・セリーナ・マトワラネはこれ以上ないほど的確な言葉でベカを称えた。

「ママ・ベカのすぐれたユーモアのセンスと励ましに私は感謝したい。ベカを心から愛している」

私はこの本を書きながら、COVIDのリスクについて楽観的になった。南アフリカで開催されるグラニーズ・ワールドカップに参加するのが待ちきれない。きっと一緒にとても楽しい時間が過ごせるはずだ。私たちの関係は始まったばかりだ。

人生をどう思うかって？　もちろん、生きることは最高だ！

あとがき ――ママ・ベカから読者のみなさんへ

　私の名前はレベッカ〝ベカ〟・ンツァンウィジです。「ママ・ベカ」と呼ばれていますが、なかには「リムポポのマザー・テレサ」と呼ぶ人もいます。最初にその名前で私を呼んだのは、私が深く尊敬するラジオ・パーソナリティーのドライセタ・アビー・バロイです。2人でリムポポ州にあるツアニーンの前町長、O・J・ムシュワナを訪問し、私が支援をしている地元のコミュニティのひとつを一緒に訪問したとき、3軒目の家に入ろうとしたところで、あまりの悲惨な状態に恐れをなしてドライセタたちは入り口で足がすくんだのです。私が平気で入っていったのを見たドライセタは、私のタフな仕事を初めて実感して「あなたはまるでマザー・テレサのようだ」といいました。それがマザー・テレサのニックネームの由来です。

　コミュニティのための仕事を評価してもらって、たくさん賞をいただいたことを私は誇りにしています。2004年にはショップライト・チェッカーズ／SABC2が選ぶ、その年もっとも活躍した女性に送られるウーマン・オブ・ザ・イヤーの最終選考に残り、翌年2005年に受賞しました。インフラの整備や教育機会を増やすこと、健康増進をはかるプロジェクトといったコミュニティの発展に貢献した人に贈られるコミュニティ・ビルダー・オブ・ザ・イヤー賞を、地域と全国の両方でいただきました。なかでも私が特別に栄誉に思い、神様の支えを感じたのは、経済・ビジネス分野で社会にもっとも貢献した市民に贈られるバオバブ騎士団賞を2008年に受賞したときです。当時南アフリカの大統領だったタボ・ムベキから直接授与されました。国民栄誉賞ともいうべきバオバブ騎士団賞は、国のトップである大統領の手から授与されるのです。ムベキ氏の手に触れ、賞を受け取ったことは私にとって大きな意味がありました。

ジーンが私とサッカー・グラニーズについての本を書きたいといってきたとき、最初は真剣に取り合いませんでした。というのも多くの人たちがそれまでも「あれをやってあげます」「これを手伝います」と約束をするのですが、実現した試しがなかったからです。でもジーンは諦めず、ついに私もこれは実現するかもと思えるようになりました。本ができあがろうとしているいまでも、私のやってきたことが世界で認められるなんて信じられない気持ちです。ジーン、ヘザーやカトリーヌのサッカーチーム、レクスプレッサスの仲間は私のよき友人たちとなりました。みんな私が前に進む後押しをしてくれて、いろいろな意味で私の幸運を祈ってくれます。

この本は、高齢女性たちの日常生活レベルでの挑戦を理解する手助けになる、という点で重要です。ジーンには南アフリカで挑戦を続ける高齢女性たちをインタビューしてもらいました。南アフリカのおばあさん世代の女性たちがどんな人生を送ってきたかを、この本を読んで知ってもらいたい。高齢女性たちは理解されて、いたわられるべき人たちです。私は高齢女性たちが望む愛情と支援を贈ってきました。読者の方々も、高齢者が何を望み、どんなふうにケアしてもらいたいかを理解してほしい。南アフリカの高齢者向け施設を建設するという私の計画を、後押ししてあげるという読者が出てくることを願っています。その施設には、引退したけれど働くのが大好きな職業人や一般の人たちにも大勢入ってもらい、愛情をこめて特別なケアをすることが私の夢なのです。

ジーンがサッカー・グラニーズの活動をビデオで見て、高齢女性たちがサッカーをしている姿に励まされるといって私にメールをくれた2010年初頭以来、私たちは友人となり、いっしょに仕事をしてきました。グラニーたちはアメリカを訪問し、ジーンとレクスプレッサスの仲間は南アフリカにやってきました。そうやって私たちは友情を深め、ジーンと私は2010年以来コンタクトをたやしたことがありません。レクスプレッサスのチームメイトたちは私の姉妹も同然で、愛をもって世界を変えるという私の理想をいっしょに追求してくれます。ジーンが私を理解し、私が強い女性だといい続けてくれることに感謝しています。

ジーンがこの本で私のやってきたことを紹介することで、サッカー・グラニーズの存在は国際的に知られるものとなるでしょう。それはひとつの成功だと思います。おばあさんたちがサッカーをするなんてとても信じられないと思っていた人たちは、この本を読めばきっとそれまでの思い込みがくつがえり、不安が消えるでしょう。南アフリカのグラニーたちはいまや有名になって、世界じゅうから招かれるようになりました。南アフリカ各地だけでなく、トーゴ、ベナン、フランスやマラウィでもおばあさんたちがプレーしています。私はそれを誇りに思っています。そうやって世界じゅうのおばあさんたちに刺激を与え、どの国にもおばあさんたちのサッカーチームが生まれることが私の夢です。

自分が苦しいときでも、助けを求める人がいれば私は駆けつけます。悲しみの涙を流す人に私はいつでも肩を貸してきました。でも人を助ける前に、私はいつも神様に私を助けてくださいと祈ります。読者のみなさんには、私を助けてくれた人たちがいまの私を作ったことをまず知ってもらいたい。その人たちの信頼があったからこそ、私は仕事をやってこられたし、つねに背中を押してもらってきました。その人たちへの感謝をここに記しておきます。

ムプマランガ州出身のクリゼルダー・ンドゥロブは若い女性ですが、私がやってきたコミュニティを助ける仕事を引き継いでくれています。クリゼルダー自身が困難にぶつかったとき、私に助けを求めてきたことがありました。そのとき私は、きっと神様があなたのもとに新しい人を送り、あなたを助けてくれるはずだと励ましました。クリゼルダーはいまでは成功したビジネスウーマンです。私たちは頻繁に連絡を取り合い、互いに助け合っています。クリゼルダー、私を信頼してくれてありがとう。

ルドック・ンドウ牧師夫妻は私が困難にぶつかったときに相談に乗ってくれました。また友人のホエルドスプルート出身のクリスティーン・デュプリーのおかげで、私は自分の経験をもとに女性たちを成長させる手助けをすることができました。

私がピアニストだった25歳のとき、私の師匠で友人であるエリヤ・マスワンガニはみんなに、いつか私は大物になって世界を変えるといい続けてくれました。その言葉はひとつの啓示となり、私を導いたのです。うまくいかなくて落ち込んでいたときにも、エリヤは「あなたは最高だ」と励まし続けました。いつも私を信じてくれるその姿勢に感謝します。

N・M・シパラナ博士は私を「ムクツリ」と呼びます。ツォンガの言葉で「救い主」という意味です。彼が歌うと、天国にいる心地になります。話す声も大きく響きます。長年のうちに友人の多くが離れていってしまったなかで、シパラナ博士はいまも変わらず私の傍らで私のプロジェクトを助けてくれています。

リチャード・チョウケはとても謙虚な人です。ずいぶん昔に彼と私はもらった給料のなかから貯金して、助けが必要な学生の支援にあててきました。いまも支援を続けています。私は彼を心の底から尊敬しています。つらいことが多かった時期も彼は私を励まし、きみは強い女だといい続けてくれました。

友人のフィンディレ・マリンガは、私が番組を持っている南アフリカ国営放送リムポポ支局で私といっしょに仕事をしています。彼女は私を信頼し、いまでは仕事仲間であり友人です。大好きです、フィンディレ。

トップマン・ンゴニャマは、地質学者でムティティティ・ヴィレッジの牧師でもあります。私が人生で最悪の暗い日々を過ごしていた時期に、彼は私に愛と敬意をもって接してくれました。私たちはまるで家族のようで、いまでは彼のことを息子と呼んでいます。SABCのラジオ番組をやめたとき、「あなたはコミュニティを助ける仕事を続けていくべきだ」といってくれました。そのアドバイスに従って私は仕事を続けています。彼の会社であるジオポイント・アフリカは、私が開催した2023グラニーズ国際フットボール大会のスポンサーになってくれました。

SABCの同僚、ハッピネス・ソモ・マーケは、大会開催などの大きなプロジェクトで私が才能を発揮できるように、私のモチベーションを高めようとし、力を与えてくれました。彼が私を励まし、能力を認めてくれたおかげで、私はより高いところを目指してこれました。生涯にわたって彼とパートナーでいられることを願っています。

そして家族の助けがあるからこそ、私は前に進めますし、祈ってくれるおかげで私は強くいられます。娘のンクヘンザニ・サニーはいつも他人を助けるために出かけている母を見て育ちました。いま娘は私といっしょに仕事をしています。人への愛は心から湧き出てくるものだとふたりともに理解するようになりました。娘よ、私は心からあなたに敬意を払います。

次女のレネイルウェ・マディバナは私の心を愛で満たしてくれます。あなたは自分の心に従うべき、と娘にはいいたい。

孫息子のアムケラニ・ンツァンウィジ、おばあちゃんはあなたを愛しているわ。

妹のリディア・ツツ。祈りと励ましに感謝しています。

きょうだいのエフライム、ヴジ、サムはいつも私に敬意を払い祈ってくれます。ありがとう。

もうひとりの息子、ギフト・マシェレ牧師。あなたはすばらしい。

そして最後に、両親のルネ・ポンドとジュリア・ンツァンウィジには感謝しかありません。お父さん、私の計画や仕事を支えてくれてありがとう。文句もいわずガソリンつきで小型トラックをプレゼントしてくれるなんて！　お母さん、あなたは祈る戦士よ。子どもたちが問題を起こしたときに、いつも祈ることと本を読むことを教え正しい道に導いてくれました。ありがとう。

読者のみなさんはこれで私をずっと支えてきてくれた人たちのことを、一部でもわかってくださったと思います。アメリカの人が書いたこの本は、私の人生を語っています。ジーン、あなたの支援に感謝します。読者のみなさん、読んでくださってありがとう。

２０２２年7月24日　南アフリカリムポポ州、ポロクワネにて

レベッカ〝ベカ〟・ンツァンウィジ

謝辞

書くことはとりわけ孤独な作業だが、この話を書き始めてから12年間、私は一度もひとりぼっちだと感じたことはない。ともに歩んでくれた人たちへのあふれるほどの感謝をここに捧げたい。

レベッカ・ンツァンウィジ（ママ・ベカ）は、知り合ってからずっと寛容そのものの人で、求めに応じて知恵と見識とすばらしい記憶力をもって応えてくれた。ベカは数えきれないほど大勢の人たちに力を与え、心豊かにし、なぐさめを与えてきた。ベカがいなければ、サッカー・グラニーズは存在しなかっただろうし、もちろんこの本も生まれなかった。ありがとう、ベカ。

この本の核は登場する女性たちの声を届けたことにある。率直に、無欲に、ユーモアをもって自分たちの人生を語ってくれたグラニーたちに感謝したい。とりわけアンナ・マセサ・ブーマ、ベアトリス・ンイェエティ・シャバララ、ギンギリカニ・ミリアム・ムシュワナ、マカ・ロッシーナ・マトゥへ、ママイラ・チャウケ・ノベーラ、マコメ・セリーナ・マトワラネ、モジャジ・ムダカ・ガイーサ、ンクヘンサニ・ンヤバニ・フローラ・バローイ、ノラ・ムティレニ、ウヤジ・アスナツ・シビチとサッカー・グラニーズのコーチ、エイブラハム・セイバー・クワベナは正式にインタビューに応じてくれた。またハッピネス・ソモ・マーケはインタビューのセッティング、通訳、録音を担当し、社会的、文化的背景について貴重な解説をしてくれた。

ロウマン&リトルフィールド社の編集者、クリステン・カーニスキは自らもプロのサッカー選手であったことから、サッカー・グラニーズの話に私とともに感動して編集にあたってくれた。ジリアン・マッケンジー・エージェンシーのジリアン・マッケンジーは、重要な交渉ごとをにない、方向性を示してくれた。しかも私と同様、趣味でサッカーをプレーしている。

E・B・バーテルズは、グラニーたちにとって何が問題なのかについて理解を深める調査を手伝ってくれた。もうひとりの編集協力者であるデビー・ジャスティスは、最後の一行を書き上げるまで鋭い洞察力と誠意あるアドバイスをして、クリエイティブな才能と細部にわたる注意深さで私を導いた。

最初に私がついたクリエイティブ・ライティングの先生、ミンディ・ポラック-フジは書くことの楽しさを教え、私を励ました。どちらも私が必要としていたことだ。

南アフリカの歴史と友人たちの生活に大きな影響を与えている問題について私を指導したのは、ブリッジウォーター州立大学のミーガン・ヒーリー＝クランシーで、関連する書籍や記事を紹介し、私の調査の穴を指摘して、表現に注意を要する問題を教えた。その助言と見識は広く認められている。

レクスプレッサスのすばらしいチームメイトたち、カトリーヌ・スタイナー、ヘザー・ブローリオ、アリソン・ラクレアはいっしょに奇跡を実現させた仲間たちだ。南アフリカからやってきたグラニーやコーチたちを進んでホームステイさせたほかのチームメイトにも感謝したい。私のへたくそなパスをいつも必死に走って受けてくれていることにも。

マサチューセッツ州で女子サッカー普及に貢献したロイス・ケッシンとアン・ストロングは、大勢の女性たちや女の子たちがピッチに立って活躍する道筋をつけ、マサチューセッツ州を全米屈指の女子サッカーの盛んな地にした。

この本に掲載している写真はテッサ・フルートゥコ・ゴードンの撮影によるものだ。MDBスポーツのマイク・ブローリオは私たちといっしょに南アフリカを訪れ、撮影してくれた。カトリーヌ・スタイナーとラフェ・ラクレアは寛大にも、この本でふれた数々のイベントの写真をたくさん提供してくれた。ディネオ・ラオレーンは南アフリカのンコワンコワで私たちが楽しんだ試合の公平なレフェリーであり、インタビューしたグラニーたちの顔写真を撮影してくれた。

グラブストリート回顧録クラスでともに学んだ、ローラ・ベレツキー、マーシー・カプラン、マギー・ローウェ、S・シャール・スミスとベブ・ストールは、愛すべきライティング仲間だ。私たちは5年間にわたって定期的にミーティングを開き、書くべきだと考える自分たちのストーリーについて話し、聴き、意見を交換してきた。

最後に家族に感謝したい。娘のカレンとケイトは私の応援隊で、夫のマークは原稿を何度も読んで校正してくれた。みんないっぱい愛してる！

2022年7月1日

ジーン・ダフィー

訳者あとがき

自らも50代で競技サッカーを楽しんでいるアメリカの白人女性が、南アフリカで黒人の高齢女性たちがはつらつとボールを蹴る姿を動画で見てひらめき、アメリカで開催されるサッカー大会に招待した。それから現在にいたるまで10年以上にわたってサッカーを通して友情を深めていった顚末を語ったのが本書「サッカー・グラニーズ」である。高齢女性がサッカーをすることで健康を取り戻す、という話だけでも驚きではあるが、それ以上に本書には心を揺さぶられる点がある。それは、差別や偏見を超えて人とつながる道があると教えていることだ。

本書には南アフリカの北部、リムポポ州で最初に結成されたサッカー・チーム「バケイグラ・バケイグラ」（バケイグラはおばあちゃんの意味）でプレーする高齢女性たちのインタビューもコラムとして紹介されている。バケイグラ・バケイグラの創設者であるレベッカ〝ベカ〟・ンツァンウィジは、高等教育を受けて音楽関係の職業を持った、南アフリカでは恵まれた黒人女性だ。順風満帆だったベカの人生は、中年になって結腸癌と診断されたときに大きく変わる。手術と化学療法でなんとか日常生活が送れるまでになったが、闘病中に病院で見かける高齢の黒人女性たちの姿にベカは胸がふさがれる思いだった。そこからベカは高齢女性たちを助けたいと、社会活動家として活躍を始める。

過酷なアパルトヘイトの時代を生き延びた黒人女性たちだが、1世紀近くにわたった人種差別政策が残した問題は根が深く、民主化されてからも、人種間だけでなく地方と都市部の経済格差は大きく開いたままだ。そこにHIV／エイズが追い打ちをかけた。地方では仕事が見つからないため、息子も娘も子どもを母親に預けて都会に出稼ぎに行く。そして多くがエイズに罹患して亡くなった。南アフリカでは1990年代から2000年代はじめにかけて、労働人口の4割以上がエイズに罹患したという統計もある。しかもエイズ罹患率も死亡率も女性のほうが男性よりも高い。育児をになうはずの娘を失った高齢女性たちは、やむなく孫やときにはひ孫の面倒を見ざるをえなくなった。

本書に登場する南アフリカの高齢女性たちは、生涯にわたって貧困に苦しみ、病気に悩まされてきた。そんな高齢女性たちの姿を見て、ベカはなんとかしなくてはと立ち上がった。病院で出会った女性たちに声をかけて、なだめすかしたり、おだてたりしながらエクササイズに誘った。ある日、女性たちが運動しているそばでサッカーをしていた少年たちが蹴ったボールが転がってきて、女性のひとりが蹴り返したことがサッカー・グラニーズ誕生のきっかけだ。

南アフリカで黒人の高齢女性は、三重の差別を受けている、と著者はいう。人種差別、性差別と年齢差別だ。「女の子に教育はいらない」という性差別ゆえに教育を受ける機会を逸し、ほとんどのグラニーたちは小学校すら出ていない。そのため字が読めないことで就業機会を失った。高齢になって病気がちになると魔女扱いされて、ときにはそれまでともに暮らしてきた村の人たちによって殺されてしまうこともある。ベカが語る、病気になった女性たちが受ける仕打ちの恐ろしさにはぞっとする。

しかしそんな差別を受けている女性たちを、サッカーが救った。若く健康な男性がやるものとされているサッカーを、病気持ちの高齢女性たちが楽しんでプレーする姿が南アフリカだけでなくイギリスやアメリカのテレビや新聞で報道され、高齢女性に対する見方が変わった。そして著者たちの招きでアメリカに行って、優勝トロフィーまで持ち帰ったことで、南アフリカにおけるサッカー・グラニーズの評価は大きく変わった。「ばあさんはボールを追いかけたりしないで家で孫の守りをしていろ」「短いパンツをはいて、たるんだ腹をゆらして走ってみっともない」などといわれても、めげずにグラウンドでボールを蹴り続けたサッカー・グラニーたちの勇気と根性に敬意を払いたい。また「グラニーたちがハッピーでいられるために力をつくす」という、ベカをはじめとする活動家の女性たちの奮闘には頭が下がる思いだ。

　有言実行の人であるベカは、2023年、南アフリカのリムポポ州、ンコワンコワで世界各地の50歳以上の女性たちのチームを招待して「2023グラニーズ国際フットボール大会」を主催した。アメリカ、フランス、ザンビア、トーゴ、モザンビーク、ジンバブエ、ギアナ、レソトがそれぞれの地域で予選を行い、最終的にアメリカ、フランス、ザンビア、トーゴからチームが出場した。南アフリカからは4チームが出場している。2024年にはモーリシャスやスペインに遠征している。「世界じゅうの国のサッカー・グラニーズとつながりたい」というベカは、その希望を着実に実現している。

　差別や偏見をなくしたい、とおそらく多くの人が思っているだろう。しかし私のなかにも、もちろん社会のなかにも人種やジェンダーについての偏見がひそみ、人とつながることの障害となりがちだ。一方で本書に登場する人たちは、偏見や差別を乗り越えてつながろうとするエネルギーがとても大きい。それはサッカーという万国共通語となるスポーツを共有することで生み出されるものかもしれないが、ほんの少しの勇気と好奇心があれば、つながる力が生まれると教えてくれる。「サッカーをしようよ」とグラニーたちを誘ったベカはもちろん、著者のジーン・ダフィーのように、勇気を出してつながろうとすることで人生が変わり、世界を変える道が開けるかもしれないのだ。

「歳を取ったからといってサッカーをやめるわけではない。サッカーをやめるから、歳を取るのだ」。エピローグで紹介されている70代の女子サッカー選手のこの言葉が胸を打つ。高齢になると仕事や趣味を「もう歳だから」「こんなことしてみっともない」と女性たちは尻込みすることが多いのではないか。実は私も年齢を言い訳に、挑戦をあきらめることがある。だが「もう私には無理」という諦めを捨てることで、サッカー・グラニーズのように体力や気力を取り戻し、自尊心を高め、それまで眠っていた冒険心を目覚めさせ、何よりも生きる力と喜びを見出せるかもしれない。

サッカー・グラニーズへのリスペクトを込めて、最後は著者の言葉で締めくくりたい。

「生きることは最高だ！」

本書は、平凡社の平井瑛子さんが原書を掘り出して、翻訳を勧めてくれたおかげで出会えた。平井さんは無類のサッカー・ファンであるだけでなく、本書の柱の一本になっているフェミニズムについても詳しい。おかげで翻訳作業は楽しく、意義あるものとなった。ここに感謝を記したい。

2024年4月吉日

実川元子

関連年表

南アフリカに関する主な出来事

	３００万年ほど前に人類が出現。
３００年頃	狩猟採集民であるコイコイ人やサン人が居住していた地に農耕を営むバントゥー民族が南下する。
１０００年頃から	さまざまな民族が農耕・牧畜を営み小首長国が分立し、北部では高度な文明を誇る都市国家も栄えた。
１４９７年	ヴァスコ・ダ・ガマが喜望峰を通過し、インド航路を開拓。
１６５２年	オランダ東インド会社が補給を目的とした入植地を建設。その後ヨーロッパのさまざまな国からの入植が続く。オランダ系移民で入植した人々は「ボーア人」と呼ばれるようになった。
１７９５年	イギリスがケープを占領し、イギリス支配が強まる中、ボーア人は北東部に進出。
１８７１年	ダイヤモンド鉱脈が発見され、イギリスとトランスバール、オレンジとの対立が深まる。
１８８０～１８８１年	第一次ボーア戦争。トランスバール軍がイギリスを撃破し再独立を果たす。
１８９９～１９０２年	第二次ボーア戦争。１８８６年トランスバール中央部、現ヨハネスブルクで金が発見され、イギリスはトランスバール再統合を目的に宣戦布告。１９０２年にトランスバールとオレンジを併合。
１９０８年	トランスバール、オレンジ、ナタール、ケープが南アフリカ4植民地を合同する新国家の準備会議を開催。
１９１０年	南アフリカ連邦成立。国会議員を白人男性に限定し、イギリス系とオランダ系の経済格差を解消するため黒人を犠牲にする政策を実施。
１９１３年	原住民土地法により黒人を居留地（ホームランド）に強制移住させる。
１９４８～１９５３年	異人種間の婚姻を禁止する雑婚禁止法、人種別居住を法制化した集団地域法、身分証携帯を義務付けたパス法、人種別教育を行うバンツー教育法など、人種差別法がつぎつぎに制定され、アパルトヘイト（アフリカーンス語で人種隔離の意味）が法制化される。
１９５８年	「アパルトヘイトの建設者」と呼ばれるヘンドリック・フルウールトが首相に就任。国土を白人地域（87％）と黒人地域（13％）に分けるなど人種差別政策をますます強化。

1960年	反アパルトヘイトを掲げる政党の抗議集会に軍隊が発砲。以後黒人運動家たちは逮捕、逃亡、地下にもぐるなどで運動は一時沈静化。1962年にはネルソン・マンデラが逮捕されロベン島刑務所に送られた。
1976年	ソウェト蜂起。ヨハネスブルグ郊外の黒人居留区でアフリカーンス語の強制学習に反対する学生たちによる反アパルトヘイトデモが警察隊と衝突。約500人死亡、2000人が負傷する大惨事となった。
1989年	フレデリック・ウィレム・デクラークが大統領に就任。人種間の対立を対話で解決する方向に舵をとる。
1990年	ネルソン・マンデラ釈放。アフリカ民族会議は武装闘争蜂起を宣言。
1991年	アパルトヘイト諸法廃止。
1994年	全人種選挙実施。アフリカ民族会議が第一党となりマンデラ大統領、ムベキとデクラークが副大統領に就任。
1999年	マンデラが引退し、ムベキが大統領に。黒人経済力増強政策を実施したが失業率は高止まりしエイズ政策にも失敗。
2008年	ジェイコブ・ズマが大統領に就任。
2010年 6月11日〜7月11日	アフリカ大陸初のFIFAワールドカップが南アフリカで開催される。

グラニーズに関する主な出来事

2005年	レベッカ・"ベカ"・ンツァンウィジが高齢女性のサッカーチーム「バケイグラ・バケイグラ」を結成。
2010年 7月13日〜18日	アメリカ・マサチューセッツ州ベテランズ・カップにバケイグラ・バケイグラが招待参加
2011年 8月	レクスプレッサスのメンバーが南アフリカを訪問。
2019年 7月	FIFA女子ワールドカップ開催時にフランスの高齢女性チームとバケグラ・バケグラが親善試合。
2023年 3月26日〜29日	グラニーズ国際サッカー大会が南アフリカ、リムポポで開催される。

装画
原 倫子
装丁
アルビレオ

著者

ジーン・ダフィー

Jean Duffy

アメリカ在住のノンフィクション・ライター。ボストン・グローブ紙、コンコード・モニター紙、パッキンタウン・レヴュー誌、サマーヴィル・ジャーナル紙、スタンフォード・アドヴォケイト紙、WBURコグノセンティ誌などで活躍。現在は主に非営利団体でコンサルティング業務に従事。

訳者

実川元子

Motoko Jitsukawa

翻訳家。兵庫県出身。上智大学外国語学部仏語科卒。訳書にチャック・コール、マービン・クローズ『サッカーが勝ち取った自由——アパルトヘイトと闘った刑務所の男たち』、スザンヌ・ラック『女子サッカー140年史——闘いはピッチとその外にもあり』(以上、白水社)、サラ・ゲイ・フォーデン『ハウス・オブ・グッチ(上・下)』(ハヤカワ文庫NF)、マシュー・デニソン『ザ・クイーン——エリザベス女王とイギリスが歩んだ100年』(カンゼン)など。

サッカー・グラニーズ

ボールを蹴って人生を切りひらいた
南アフリカのおばあちゃんたちの物語

2024年9月18日　初版第1刷発行

著者　ジーン・ダフィー
訳者　実川元子

編集　平井瑛子（平凡社）
発行者　下中順平
発行所　株式会社平凡社
〒101-0051　東京都千代田区神田神保町3-29
電話　03-3230-6573〔営業〕
平凡社ホームページ　https://www.heibonsha.co.jp/

印刷　株式会社東京印書館
製本　大口製本印刷株式会社

本書の内容に関するお問い合わせは
弊社お問い合わせフォームをご利用ください。
https://www.heibonsha.co.jp/contact/

ISBN 978-4-582-62706-0
乱丁・落丁本のお取り替えは小社読者サービス係まで
直接お送りください（送料は小社で負担いたします）。